Werner Wirth **Gabelzart**

Werner Wirth

Gabelzart

Fleisch «Sanft-Garen» macht's möglich

Anleitung, Hinweise und Rezepte
zu einer neuen und besonderen Garmethode

wewi
Verlag Urtenen

Abkürzungen

TL	Teelöffel
EL	Esslöffel
dl	0,1 Liter
Msp	Messerspitze

Die Zutaten- und Mengenangaben sind,
wenn nicht anders vermerkt,
immer für vier Personen berechnet.

Bibliografische Information der Deutschen Bibliothek
Die Deutsche Bibliothek verzeichnet diese Publikation in der Deutschen Nationalbibliografie;
detaillierte bibliografische Daten sind im Internet über http://dnb.ddb.de abrufbar.

ISBN 978-3-9522763-1-0

Zeichnungen: Heinrich Oehrli, Jegenstorf
Titelbild: Hans Hansen, Hamburg
Bearbeitung und Produktion: Kurt Thönnes, die Werkstatt, Liebefeld-Bern

Bezugsquelle, Anregungen, Wünsche:
Verlag We Wi Längenrüppstrasse 70 CH-3322 Urtenen
Telefon 031 859 50 45 Fax 031 859 50 34 www.wewi2.ch E-Mail: info@wewi.ch

Inhaltsübersicht

Die Rezepte

Gabelzartes Fleisch

Den Begriff «Gabelzartes Fleisch» hat Bert Gamerschlag in der Ausgabe der Zeitschrift «Stern» vom 12. April 2006 kreiert, als er über mein Buch «Intelligente Küche – mehr Genuss, Sicherheit und Freude mit Fleisch» eine vierseitige Reportage machte. Ich war vom «Stern» nach Hamburg eingeladen und zeigte da anhand verschiedener Gerichte mein etwas anderes Garverfahren. Die Resultate wurden vom begnadeten Hoffotografen des «Stern», Hans Hansen, auf wunderbare Weise eingefangen. So verwundert es nicht, dass eines der so entstandenen Bilder auf dem Umschlag dieses Buches ist. Mir liegt sehr daran, Bert Gamerschlag vom «Stern» und Hans Hansen für die tolle Zusammenarbeit ganz herzlich zu danken.

Das uralte Thema Fleisch

Sich Gedanken über das älteste Nahrungsmittel Fleisch zu machen und dabei auf Lösungen zu stossen, die manches auf den Kopf stellen, ist direkt aufregend. In meinem ersten Buch «Intelligente Küche» ging es um die richtige Behandlung von Fleisch im weitesten Sinne und um das Garen von magerem Fleisch. Die darin enthaltene Botschaft ist noch sehr aktuell und an den diversen Nachdrucken mussten keine Korrekturen angebracht werden. Das Echo auf das Buch ist nach wie vor gross und sehr positiv.

Lesungen

Eindrücklich ist auch jeweils die Stimmung an den Lesungen. Das Thema Fleisch und seine Möglichkeiten werden unterschätzt, da doch alle denken, über Fleisch schon alles zu wissen. Schnell ist jeweils grosses Interesse und gleichzeitig eine mittlere Verunsicherung festzustellen. Weil etwas Neues zu lesen das Eine, dieses aber umzusetzen und zu versuchen etwas ganz Anderes ist, verbinde ich meine Lesungen immer mit einer Praxis-Demonstration und einer Degustation, welche dann für das Aha-Erlebnis sorgt. Dabei sind die Leute richtig begeistert, was dazu führt, dass regelmässig an die 300 Gramm Fleisch pro Person verkostet werden.

Neuerungen sind Störungen

Und trotzdem bin ich mir bewusst, dass meine Überlegungen und Äusserungen auch eine Störung für den gestandenen und/oder eingefahrenen Küchenfachmann sein können.

Täglich bekomme ich Reaktionen über Erlebnisse der begeisterten und kreativen Leser. Die vielen Echos über den «ersten Braten auf die andere Art» sind sehr schmeichelhaft. Oft sind sie mit Zusatzfragen verbunden, denn wenn erst einmal das Interesse geweckt ist, kommt die Kreativität. Dies hat mich bewogen, mit diesem zweiten Buch eine Vertiefung des Themas – verbunden mit Bildern und mehr Rezepten – zu schaffen.

Nicht nur mit magerem Fleisch

«Gabelzart» will und kann nicht alles wiederholen, sondern strebt eine Vertiefung des Themas Fleisch «Sanft-Garen» an. Viele Kochversuche haben gezeigt, dass sanftes Garen nicht nur bei mageren und teuren Fleischstücken richtig und wichtig ist. In diesem Buch sind Alternativen zum üblichen Garen von Fleisch in Sauce enthalten, die zum Nachdenken anregen sollen und neue Wege zur schonenden Zubereitung von Saucenfleisch weisen.

Ein grundlegender Unterschied zum ersten Buch besteht auch darin, dass ich nicht mehr von «Niedergaren», sondern von «Sanft-Garen» spreche. Wer Fleisch auf die herkömmliche Art niedergart und es zuerst anbrät, schafft damit sehr grossen Druck im Fleisch, was zwangsläufig zu Gegendruck und zu einem grösseren Saftaustritt führt.

Fachbegriffe

Als Schweizer Fleischfachmann und Hobbykoch spreche ich eine Sprache und verwende Ausdrücke, die nicht im ganzen deutschen Sprachraum gleich verstanden werden. Ich habe deshalb ein Wörterbuch mit den wichtigsten Begriffen angelegt, welche ich auf der Homepage www.wewi2.ch angelegt habe.

Nach dem Schreiben des ersten Buches habe ich keine Woche erlebt, in der ich nicht auf irgendetwas Neues und Interessantes gestossen bin. Das geht nicht nur mir so. Denn wer bereit ist, sich eigene Gedanken über zum Teil uralte Abläufe zu machen, erlebt schnell aufregende Aha-Erlebnisse, die zu Einsparungen und zu mehr Gegenwert führen.

Der Fünfer und das Weggli

Beim Garen von Fleisch bin ich auf eine besonders interessante Regel gestossen: «Je höher der Genuss, desto besser die Marge». Der Fünfer und das Weggli, dieser Schweizer Spruch trifft hier ins Schwarze. Das gilt auch für den normalen Haushalt. Der Gewichtsverlust ist beim «Sanft-Garen» viel kleiner und die Schmackhaftigkeit sehr viel grösser. Fleisch kann so weich und zart sein, dass es tatsächlich kein Messer zum Zerschneiden braucht. Sie können es mit der Gabel auf einfache Art zerteilen!

95% Ansichtssache

Wie ich bereits im ersten Buch geschildert habe, besteht für mich das Garen von Fleisch aus 5% Pflicht und 95% Ansichtssache. Daran möchte ich nichts ändern. Sie kochen für sich und Ihre Gäste, und Ihnen muss es schmecken. Meine wichtigen 5% führen bei Beachtung zu entschieden mehr Freude. Es lohnt sich, diese zu befolgen.

Unwahrheiten halten sich hartnäckig

Fast 80 Jahre hat die Küche die falsche These eines russischen Wissenschafters «Fleisch heiss anbraten und Poren schliessen» unbesehen übernommen. Wer meine beiden Bücher liest, bemerkt diese Unwahrheiten und handelt anders. Mit dem herkömmlichen «heiss Anbraten» wird Fleisch nur kaputt gemacht. Das Deutsche Magazin «Focus» zitierte mich mit dem Satz: «Schweizer kremieren Fleisch». Ich bin glücklich, dass so viele Menschen richtig reagieren und sich auf die Suche nach ihrer eigenen Lösung machen und diese finden.

Der Wunsch nach mehr Rezepten

Obwohl in «Gabelzart» mehr Rezepte als im ersten Buch enthalten sind, wird es wieder Leser geben, die noch mehr möchten. In meinen beiden Büchern haben die Rezepte und die Bilder aber nur die Aufgabe zu zeigen, wie das neue Garverfahren in der Praxis funktioniert.

Meine Gedanken lassen sich auf beinahe jedes Rezept übertragen. Und für mich ist ein Rezept immer nur eine Anregung – kochen tue ich mit dem, was vorhanden ist. Das vereinfacht Vieles, ist kreativ und schafft die Basis für manches Aha-Erlebnis.

Wer mehr Rezepte aus der Schweiz sucht, dem empfehle ich die Rezeptbücher aus der Serie «Landfrauen kochen», welche von der Redaktion Landfrauen kochen in Bern herausgegeben werden. www.landfrauenkochen.ch

Wunsch

Kochen, Gäste empfangen und gemütliche Stunden erleben, das ist für mich Teil unserer Kultur. Wie ein Beitrag dazu mit erstaunlich wenig Aufwand erreicht werden kann, beschreibe ich in meinen beiden Büchern. Vieles in unserem Leben wird verkompliziert. Es liegt an uns, Lösungen und Vereinfachungen zu finden. Möge Ihnen dieses Buch dabei helfen, Ihre Ziele zu erreichen.

Teil 1

We Wi's Sanft-Garen

Kurzübersicht **Druck erzeugt Gegendruck. Jede «Miss»-Handlung des Fleischs führt zu Spannungen, die für den Genuss nicht förderlich sind. Neue Erkenntnisse zu erwerben ist das Eine, sie umzusetzen das Andere.**

Meine spezielle Garmethode ist – obwohl meine ersten öffentlichen Aufzeichnungen bereits aus dem Jahr 1982 stammen – erst seit einiger Zeit in aller Munde.

Wer Druck auf's Fleisch vermeidet, erhält mehr für's Geld. Hitze, resp. hohe Temperaturen und schockartige Unterschiede erzeugen einen sehr grossen Druck und damit einen irreparablen Schaden. Denken Sie nur daran, was mit Ihrem Finger geschieht, wenn er mit der heissen Herdplatte in Kontakt kommt. Was bei uns eine grosse Blase mit viel Wasser zur Folge hat, wird bei einem Fleischstück durch einen erhöhten Saftaustritt sichtbar. Hitze ist für das Garen von Fleisch nötig und Voraussetzung. Die Frage lautet wie, wie viel und vor allem wann wie viel Hitze! Das normale Niedergaren, bei dem das Anbraten zu Beginn des Garprozesses erfolgt, löst bereits derart grosse Spannung im Fleisch aus, dass eine Qualitätseinbusse die Folge ist.

Tiefere Temperaturen möglich

Das in diesem Buch beschriebene «Sanft-Garen» sucht Wege, dies optimal auszuführen. Das Hinterfragen des Anbratens des Fleisches – wann und ob überhaupt nötig – macht dies deutlich. Die Erkenntnis, dass es beim Garen von Fleisch gar nicht so hohe Temperaturen braucht, scheint sich durchzusetzen. Wer Fleisch mit tiefen Temperaturen und ohne Druck zu erzeugen gart, tut etwas Gutes und unternimmt etwas in die richtige Richtung.

Bisher ging es beim «Sanft-Garen» hauptsächlich um die Zubereitung eines zarten Bratens. Ich bin heute überzeugt, dass gleiche Überlegungen auch bei Fleisch in der Sauce nötig sind und die Vorteile erstaunen lassen. Deshalb habe ich diesem Thema einen breiten Platz eingeräumt.

Druck erzeugt Gegendruck

Wer die Richtung kennt, kann das Ziel schneller erreichen. Es geht darum, durch eine bessere Behandlung des Fleisches wesentlich mehr Genuss zu erreichen. Die Richtung ist also klar: Wenn ich will, dass es mir gut geht, muss ich dafür Sorge tragen, dass es dem Andern auch gut geht. Wer mit Druck etwas erreichen will, muss mit Gegendruck rechnen. Dies erfolgt offen, wenn der Andere sich stark genug fühlt – oder verdeckt und besonders unangenehm, wenn er sich unterlegen fühlt. Fleisch reagiert genauso auf

Druck mit Gegendruck – der für die Qualität so wichtige Saft läuft aus und ist verloren.

Wer Fleisch zuerst anbrät, erzeugt eine unglaublich grosse Spannung und damit auch Druck, was einen Saftaustritt provoziert, der wesentlich höher ist als mit dem «Sanft-Garen». Auch bei der herkömmlichen Niedergar-Methode wird Fleisch zuerst angebraten, so einem grossen Druck ausgesetzt und es verliert viel Saft. Deshalb verwende ich in meiner Terminologie lieber die Umschreibung «Sanft-Garen».

Die Enzyme werden beim herkömmlichen Garen schnell inaktiviert. Wer «Sanft-Gart» kann von deren positiven Wirkung während des gesamten Garprozesses profitieren.

Die liebe Routine

Die Richtung ist bekannt, das Verfahren einfach, das Ziel aber trotzdem nicht ohne Hindernisse zu erreichen! Wieso das? Die allermeisten Menschen bereiten ein Stück Fleisch zu, ohne sich dabei grosse Gedanken zu machen. «Man macht es, wie man es immer gemacht hat», so könnte man das Abspulen der uralten Gewohnheiten umschreiben. Bevor Sie zu wesentlich mehr Genuss kommen können, müssen Sie die alten Ideen loslassen … und das ist gar nicht so einfach! Sie werden staunen, auch das ist ein interessanter Prozess.

Rezepte

Interessanterweise ist es in der Küche wie sonst im Leben. Die Menschen wollen Rezepte, die ihnen die Suche nach der Lösung des Problems abnehmen! Dabei können Rezepte meistens nur Anregungen enthalten. Die Umsetzung erfolgt dann der Situation und den Umständen entsprechend. Rezepte sind für mich wie Ratschläge. Das sind zwei Wörter: Rat – Schlag. Der Rat ist meistens das, was der andere aus seiner Sicht als gut findet, was nicht zwangsläufig auch gut für mich sein muss. Und ein Schlag ist unangenehm. Sie können es als Schlag empfinden, wenn Sie am Wochenanfang in einer kleinen Ortschaft versuchen, für ein wunderbares Rezept die Zutaten einzukaufen. Mit grosser Sicherheit werden Sie nicht alle Bestandteile finden und ändern dann das Rezept ab.

Nach Rezept zu kochen ist für mich ein kleines Ärgernis, weil es mit viel Aufwand verbunden ist. Ich mache es eigentlich nur, wenn ich etwas wirklich Neues ausprobieren will. Sonst passe ich mich lieber den Umständen an: der Gästezahl, dem Zeitrahmen, meinen vorbereiteten Halbfabrikaten im Tiefkühler und allfälligen Überbeständen, der Saison und vor allem meiner Lust. Die Gastgeberin, der Gastgeber, hat doch schliesslich auch das Recht, etwas Gutes für sich selber zu tun. Für mich ist die richtige Einschätzung der Ausgangssituation die Basis für den Erfolg. So bleiben wir als Gastgeber locker, und das vereinfacht vieles. Wenn wir unter Druck sind, sind wir meistens selber Schuld. Also liegt es an uns, hier die Weichen richtig zu stellen. Ein Anlass ist nicht dann gelungen, wenn es möglichst hektisch in der Küche zu und her geht, sondern wenn die Stimmung gut ist. Und dazu braucht es auch einen entspannten Gastgeber.

Und trotzdem, Rezepte sind gefragt. Also habe ich in letzter Zeit die Details einiger meiner «alltägliche Kreationen» erfasst und aufgeschrieben. Sie sind als Idee gedacht und können beliebig geändert werden. Um zu zeigen, wie gross der Spielraum der Fantasie beim Kochen ist, habe ich auch einige Rezepte erwähnt, die von Leuten stammen, die etwas Feines, Einfaches und Aussergewöhnliches mit wenig Aufwand zaubern.

Nur Lesen genügt nicht

Nur in diesem Buch zu lesen genügt nicht. Erst wer sich überwindet und danach kocht, wird realisieren, wie viel mehr Hochgenuss mit Fleisch auf eine einfache Art und Weise möglich ist. Springen Sie über Ihren Schatten und starten Sie. Sie werden begeistert sein. Auch wer die hier aufgeführten Erkenntnisse ignoriert, kann weiterleben. Es gibt schliesslich für viele Dinge im Leben mehr als eine Lösung.

Trutenbraten

- Trutenfleisch ist günstig, ganz mager, aber eher fad, und deswegen ein interessantes und bekömmliches Fleisch.
- Dieses Gericht ist speziell geeignet für Gäste, die kein Verständnis für Fett und Sehnen haben.
- Landrauchschinken ist roher Schwarzwaldschinken und gibt dem Trutenbraten ein tolles Aroma.

Vorbereitung

700 g Trutenfilet	mit kaltem Wasser abwaschen, mit Küchenpapier abtrocknen, kontrollieren, ob alle grossen Sehnen oder Knorpel entfernt sind
½ TL geriebene Zitronenschale	dazugeben
1 TL geriebener Meerrettich	dazugeben
1 Knoblauchzehe	durch die Presse geben
1 TL Gewürzpaste	dazugeben, alles mischen und damit das Fleisch einpinseln
1 Packung geschnittener Landrauchschinken	schuppenartig auslegen, eine Scheibe auf die Seite legen Fleisch darin einrollen und leicht binden, zugedeckt im Kühlschrank etwa 1 bis 2 Tage liegen lassen

Zubereitung

- Trutenfilet einen halben Tag vor der Zubereitung aus dem Kühlschrank nehmen.
- **Ohne anzubraten** in den Backofen bei 80° C geben.
- Garen, bis Kerntemperatur von 55° C erreicht ist.
- Fleisch in der Bratpfanne oder auf dem Grill bei mittlerer Hitze rundherum gut anbraten, bis der Landrauchschinken gut glasig ist.
- Fleisch anschliessend bei 60° C im Backofen warm stellen.
- Bratpfanne ohne Reinigung für Sauce verwenden.

Sauce

1 Scheibe Landrauchschinken	fein hacken, in der Bratpfanne andünsten
1 kleine Zwiebel	fein hacken und andünsten
1 Knoblauchzehe	fein hacken und dazugeben
250 g Champignons	kurz waschen, in Scheiben schneiden und dazugeben
½ dl Gin	beigeben, flambieren und auf die Hälfte einköcheln lassen
1 dl Wasser	beigeben
½ Bouillonwürfel	beigeben und auflösen lassen
Streuwürze, Zitronenpfeffer	abschmecken
frischer Estragon oder Kräuter	verfeinern
1,8 dl Saucen-Halbrahm	dazugeben, aufkochen lassen und mit Kaffeerahm in die gewünschte Konsistenz bringen

Service

Braten mit Landrauchschinken aufschneiden und auf einem Saucenspiegel servieren.

Der aromatische Landrauchschinken schützt das sehr magere Fleisch, gibt ihm zusätzlich ein feines Aroma und wirkt auf dem Teller als sehr edles Gewürz.

Gabelzart ______________________

Das will ich ausprobieren

Datum

Teil 2

Der Einstieg

Kurzübersicht **Nur wer Fleisch kennt, kann es gut behandeln, kennt die Unterschiede beim Rohmaterial und weiss mit den Problemen umzugehen und sie in Lösungen zu verwandeln.**

Übung macht den Meister

Sie kaufen einen neuen Computer und nehmen sich nicht die Zeit, die Unterlagen zu studieren. Irgendwann merken Sie, dass manches besser funktionieren könnte, fangen an zu lesen und holen nach, was Sie vernünftigerweise besser früher gemacht hätten.

Beim Garen eines Fleischstückes ist es ähnlich oder noch schlimmer: Viel zu viele Dinge werden auf eine Art gemacht, «weil man es immer so gemacht hat». Und das, ohne die Abläufe, die Logik und die Hintergründe zu hinterfragen. Es genügt auch nicht, wenn Sie meine Bücher gelesen haben! Sie kommen erst zu einem sehr guten Resultat, wenn Sie sich von Ihrer jahrzehntelang bewährten Methode verabschieden, «loslassen» und etwas Neues ausprobieren. Dies ist ja bekanntlich das Schwierigste im Leben und leider schneller gesagt als getan.

Wenn Sie dann einige Fleischstücke auf die neue Art gegart und erfahren haben, wie viel Mehrgenuss Sie mühelos erreichen können, werden Sie mutiger und machen eigene Versuche. Sie lernen die Unterschiede beim Fleisch kennen und reagieren beim Einkauf entsprechend. Sie senken die Gartemperatur weiter und verlängern die Lagerzeit vor dem Garen und die Ruhephase nachher und merken, wie viel mehr aus einem Stück Fleisch geholt werden kann.

Der sanfte Umgang mit dem Fleischstück lohnt sich bestimmt. Wer sich ab und zu die Frage stellt, ob die gewählte Behandlung ideal ist, bekommt eine ganz andere Beziehung zum Essen und den Verrichtungen in der Küche. Tolle Resultate sind Ihnen gewiss. Bitte gehen Sie aber schrittweise vor und übertreiben Sie nicht.

Ich rufe dazu auf, die Behandlung des Fleisches und den Ablauf des Garprozesses zu überdenken. Meine Konsequenz daraus, zugunsten der Sanftheit eine umgekehrte Reihenfolge zu praktizieren und Fleisch wenn möglich erst am Schluss anzubraten, ist bescheiden, aber die Auswirkung gewaltig.

Was ist Fleisch überhaupt?

Auf diese einfache Frage reagieren die Leute unterschiedlich. Dass es ein Nahrungsmittel ist und viel Geld kostet, ist bekannt. Aber dann wird es still – auch bei Küchenfachleuten – das erfahre ich an meinen Kursen immer wieder. Aber genügt das? Wer Erfolg und Freude haben will, sollte mehr darüber wissen. Ich versuche, die wichtigsten Dinge kurz zu erklären:

- **Fleisch ist ein Naturprodukt.** Genau so wenig, wie sich alle Menschen schablonisieren lassen, können Schweine, Rinder und Kälber in einen engen Raster gepresst werden. Die Übergänge sind fliessend und die Qualitätsunterschiede von Tier zu Tier sind viel grösser, als man denkt. Es lohnt sich also, sich hier selber ein Bild zu machen und entsprechend zu reagieren.

- Fleisch besteht im Wesentlichen aus **Wasser, Fett und Eiweiss (Proteinen)**. 100 g Schweinsplätzli vom Stotzen bestehen aus 75% Wasser, 23% Eiweiss und nur 2% Fett.

- **Eiweisse sind die Bausteine** unserer Körperzellen. Auch das Fleisch am Körper eines Menschen erneuert sich alle 7 Jahre und dazu sind die Eiweisse Voraussetzung. Tierische Eiweisse sind sehr wertvoll, weil sie ein Aminosäurenmuster haben, das demjenigen der Menschen sehr ähnlich ist. Deshalb werden diese Aminosäuren vom Körper sehr gut aufgenommen und verwertet.

- **Fette sind der Betriebsstoff** des Menschen. Bei einem Schweinsplätzli vom Stotzen sind keine sichtbaren Fettteile vorhanden. Die 2% sind intermuskuläres Fett, und die sind für die gute Qualität ausschlaggebend. Tierische Fette sind gesund – es ist die Menge, die wir heute trotz der geringen Bewegung zu uns nehmen, die uns Probleme macht. Fette sind Geschmacksträger und in vielen Gerichten unentbehrlich. Wir sollten aber Fette nur dort einsetzen, wo sie uns Schmackhaftigkeit bringen und überall sonst versuchen, sie wegzulassen. Deshalb suche ich auch in diesem Buch nach Lösungen, wie wir die Fettmenge im Griff behalten können.

- **Wasser ist das Transportmittel** im Körper. Der hohe Anteil an Wasser im Fleisch veranlasst ab und zu Kunden, darüber zu schimpfen. Dabei wird vergessen, dass das Wasser für die Saftigkeit eines Fleischstückes auf dem Teller verantwortlich ist. Voraussetzung ist, das Fleisch wurde so gut behandelt, dass es noch Wasser enthält. Die entscheidende Genuss-Frage ist also nicht, wie viel Wasser es im Fleisch hat, sondern wie viel nach dem Garen noch drin ist!

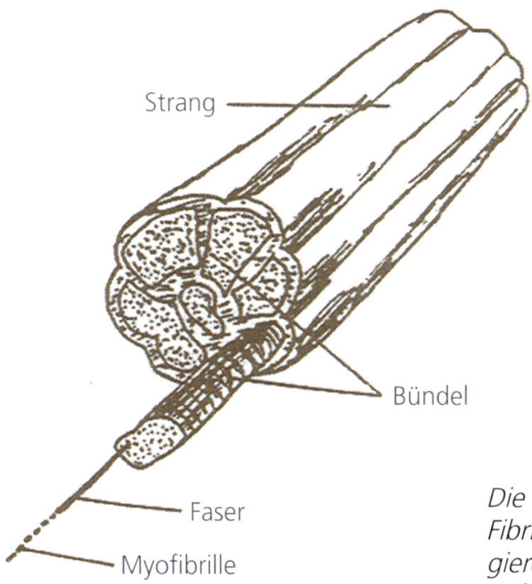

Die 75% Wasser sind in den Fibrillen eingelagert und reagieren auf jede Spannung mit Saftaustritt.

Auswahl des Rohmaterials

Das We Wi-«Sanft-Garen» kann im Prinzip auf jede Fleischart und damit auf jedes Rezept angewendet werden. Wichtig ist die Unterscheidung zwischen den einzelnen Gruppen.

Beim Sanftgaren geht es darum, das Ziel der richtigen Kerntemperatur und der Gelierung des Bindegewebes unter möglichst wenig Druck zu erreichen. Die optimale Handhabung in der Küche allein genügt aber nicht. Um das beste Resultat zu erhalten, ist es wichtig, einiges über das Tier, resp. das Rohmaterial zu wissen. Sich dieses Wissen selber anzueignen wird immer wichtiger, weil bei der Qualität und Ausbildung des Verkaufspersonals in immer mehr Geschäften gespart wird.

Diese Fragen haben einen grossen Einfluss auf den Genuss:

- ***Behandlung des Tieres vor der Schlachtung***

Wird ein Tier beim Transport zum Schlachtort oder beim Schlachtprozess gestresst, ist keine optimale Fleisch-Qualität zu erwarten. Das Tier bekommt eine Art Fieber. Der Abbauprozess erfolgt schneller und das Aroma kann Abweichungen aufweisen. Obwohl in der Schweiz diesem Thema in letzter Zeit grosse Aufmerksamkeit geschenkt wird, bleibt es ein kritischer Punkt. Bedingt durch unsinnige Gesetze und Wirtschaftlichkeitsüberlegungen werden die Schlachthöfe immer grösser und die Distanzen dorthin immer länger. Die Risiken und Sachzwänge für Mensch und Tier sind daher nicht kleiner geworden.

- ***Das Alter des Tieres***

Vom Alter des Tieres hängt es ab, wie stark das Bindegewebe ist. Von einem bestimmten Alter an ist es so hart, dass solches Fleisch mit bestem Willen nicht mehr «à la minute», also kurzgebraten werden kann. Langsam weichgekocht schmeckt dieses Fleisch aber prima. In der Schweiz wird diesem Thema viel grössere Aufmerksamkeit geschenkt als in anderen Ländern.

• *Mastgrad und Fettauflage des Tieres*

Mit Sicherheit die wichtigste Voraussetzung für eine gute Qualität auf dem Teller. In den letzten Jahrzehnten ging es leider darum, dem Verkauf möglichst mageres Fleisch zuzuführen. Dabei sind die Fettauflage und das intermuskuläre Fett die wichtigsten Qualitätsfaktoren. Ihnen wird zu wenig Beachtung geschenkt.

Kenner suchen sich ein möglichst fettes Stück Fleisch, weil sie wissen, dass das Genuss pur ist. Das Aroma und die Saftigkeit stimmen und die Muskeln werden durch die Fettschicht vor der Austrocknung geschützt. Das intermuskuläre Fett ist an den feinen, weissen Punkten im Schnittbild des Fleisches sichtbar.

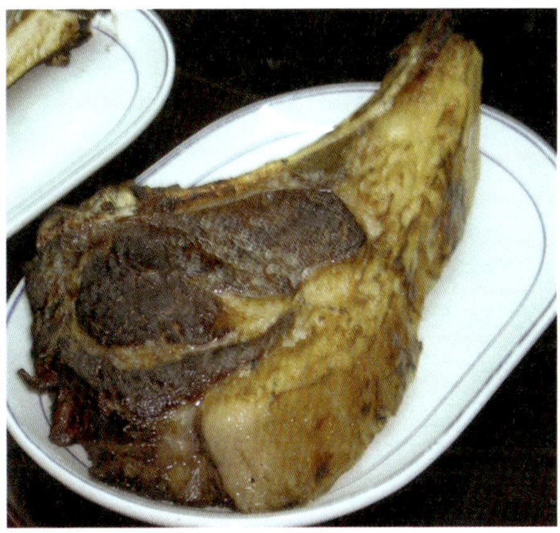

In einer Churrascaria in Cordoba wird Fleischgenuss in extremis gepflegt.

• *Lagerung des Fleisches*

Die Lagerung des Fleisches ist für die Schmackhaftigkeit ausserordentlich wichtig. Am Ende des Lagerungsprozesses steht der Verderb. Je kürzer vor dem Verderb Sie Fleisch à la minute zubereiten, desto höher der Genuss! Obwohl der Lagerung in der Schweiz hohe Beachtung geschenkt wird, gibt es mehr Spielraum, als allgemein angenommen wird. Deshalb habe ich der zusätzlichen Reifung unter dem Titel «Zartes Rindfleisch» ein Extrakapitel gewidmet.

Die Muskelfasern verdichten sich nach der Schlachtung und machen das Fleisch hart. Man nennt das die Totenstarre. Erst mit der Zeit lösen sich die Eiweisse des Muskels wieder und werden weich. Es ist wichtig, dass zartes Fleisch zum Schnellgaren gut gelagert – anderswo heisst das «abgehangen» – in die Pfanne oder auf den Grill kommt. Siedfleisch hingegen sollte möglichst frisch – das Aroma ist so am reinsten – zubereitet werden.

- ***Die Lagerdauer***

Diese hängt einerseits von der Umgebungstemperatur und der Verarbeitungshygiene, andererseits aber auch von der Grösse des Muskels und vom Verwendungszweck ab.

Hackfleisch ist ganz fein zerkleinert und hat daher eine extrem grosse Oberfläche. Deshalb tritt der Verderb innert weniger Stunden ein. Ein grösseres Bratenstück erträgt hingegen bei 0°C problemlos eine längere Reifezeit über Wochen.

Durch den Reifeprozess verändert sich auch das Fleischaroma. Bei vakuumverpacktem Fleisch entwickelt sich ein Milchsäurearoma, welches beim Siedfleisch nicht erwünscht ist. Deshalb sollte Fleisch zum Sieden nicht länger als eine Woche gelagert werden. Ein feines Entrecôte macht hingegen erst in einem voll ausgereiften Zustand richtig Freude.

Ein Wildtier, welches mehrere Stunden tot im Fell im ungekühlten Zustand verbleibt, kann weniger lang gelagert werden als ein sofort gekühltes und ausgeweidetes Tier. Dieses Verfahren («Faisandage» genannt) ist bekannt, Wild-Liebhaber schätzen denn auch den speziellen Goût (Geschmack), der zartes Fleisch garantiert.

Die Fleischlagerung erfolgt im Normalfall bei Temperaturen um 0 bis 2°C, und die Reifung dauert dementsprechend sehr lang. In Entwicklungsländern, wo die Kühleinrichtungen grösstenteils fehlen, läuft dieser normale enzymatische Prozess viel schneller und unkontrollierter ab. Dies ist auch der Hauptgrund, dass in solchen Ländern Fleisch sehr frisch verkauft und im Restaurant nur in vollständig durchgegartem Zustand angeboten wird.

Fettes Fleisch verwertet

- Dieses Rezept eignet sich bestens, um ein eher stark mit Fett durchzogenes Stück Fleisch – Lammbrust ohne Knochen, Rindfleisch oder Kalbsbrust – zu verwerten.
- Dank des Fettes ergibt sich ein kräftiges und wunderbares Gericht.
- Da am Fleisch genug Fett ist, braten Sie das Fleisch in der trockenen Bratpfanne an.
- Mit der geraffelten Kartoffel erhalten Sie eine feingebundene, sämige Sauce.
- Servieren Sie Couscous oder Polenta dazu.

Zubereitung

500 g eher fettes Ragoutfleisch (Lamm, Rind, Kalb)	in etwa 1½ cm kleine Würfel schneiden, ohne Fett bei mittlere Hitze gründlich anbraten
1 Zwiebel	eher grob geschnitten, dazugeben
100 g Sprossen Stangensellerie	gewürfelt, dazugeben
200 g Rüebli	in kleinen Würfeln dazugeben
400 g Peperoni	in kleinen Würfeln dazugeben
1 dl Rotwein	dazugeben
5 dl Bratenjus	dazugeben
1 TL Zitronensaft	dazugeben
½ TL Kardamomsamen	dazugeben
½ TL Zimt	dazugeben
½ TL Muskat	dazugeben
¼ TL Chilipulver	dazugeben
2 EL Tomatenpüree	dazugeben
½ TL Salz	dazugeben
	30 Minuten auf kleiner Flamme köcheln lassen
50 g getrocknete Mango	in kleinen Würfeln dazugeben
100 g rohe Kartoffeln	gerieben/geraffelt, dazugeben, nochmals 20 Minuten köcheln lassen
12 Cherrytomaten	halbieren, dazugeben, 2 Minuten köcheln lassen und servieren

Die Probleme ums Fleisch

Verrückt aber wahr – wir haben in der Vergangenheit unbesehen Abläufe und Verfahren übernommen, ohne uns Gedanken über die Konsequenzen zu machen. Die Auswirkungen sind bekannt: Wir kaufen sehr teures Fleisch und erhalten auf dem Teller eigentlich einen eher bescheidenen Gegenwert dafür. Die Gründe sind vielfältig, ich zähle einige davon auf:

- **Früher wurde Fleisch mit Knochen und Fett verkauft und so zubereitet.** Durch das «Heiss-Anbraten» des Fleischstückes wurde die Oberfläche geröstet und das Fett reduziert. Heute wird Fleisch nicht nur ohne Knochen, sondern auch ohne Fett und Sehnen verkauft. Es hat nichts auf der Fleischoberfläche, das in sinnvoller Weise angebraten oder geröstet werden kann. Das Fleisch wird ungeschützt den hohen Temperaturen ausgesetzt, was unwillkürlich zu einem Qualitätsverlust führt.

- Uralte Überlieferungen wie **«Fleisch heiss anbraten und Poren schliessen»** – von einem russischen Wissenschafter 1927 falsch und unkontrolliert in die Welt gesetzt – bleiben hartnäckig erhalten. Man kann die Poren nicht schliessen, weil es keine hat und mit viel Hitze tut man nichts Gescheites, weil man Fleisch so höchstens kaputt macht.

Heute wird Fleisch immer noch zu heiss gegart und falsch behandelt, weil man sich zu wenig Gedanken darüber macht.

- Der Unterschied **Fleischlagerung – Fleischreifung** wird zu wenig beachtet. Der Reifeprozess beginnt bei etwa 5°C. Temperaturen darunter sind nur für die Lagerung optimal und haben keinen wesentlichen Einfluss auf die Reifung.

- Leider **wird Fleisch heute viel zu stark zugeschnitten**. Jedes Fettchen und Häutchen, das Fleisch beim Garen schützt und das Geschmack geben könnte, wird weggeschnitten. Dazu kommt, dass eine freigelegte und angeschnittene Myofibrille viel extremer auf Druck reagiert und ein viel grösserer Saftaustritt hingenommen werden muss.

Oft wird vergessen, dass jedes Gramm Fett und Sehnen, das bei der Bearbeitung vom Fleischanbieter weggeschnitten wird, den Rest verteuert und Fleisch so noch weniger attraktiv macht. Meine unzähligen Kochversuche haben zu einem eindeutigen Ergebnis geführt: je extremer der Zuschnitt, desto grösser der Gewichtsverlust und desto schlechter die Degustationsbefunde.

Beim Einkauf etwas Fett am Fleisch zu akzeptieren heisst nicht automatisch, dieses auch zu essen. Wenn Fett erst auf dem Teller entfernt wird, kann ein spürbar besseres Aroma des Gerichtes verzeichnet werden.

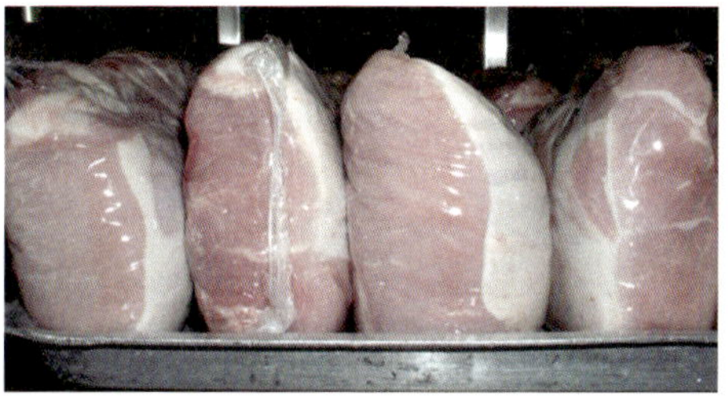

Wenn Fleisch bei der Lagerung oder Aufbewahrung übereinander liegt, entsteht für die unteren Packungen ein Druck, welcher zu erhöhtem Saftaustritt führt. Dieser Fleischsaft fehlt auf dem Teller! Das rechte Bild zeigt es. Es geht auch so.

- Wir erachten bei der Zubereitung Fleisch als Fleisch und hinterfragen die **unterschiedlichen Anforderungen pro Muskel und Zubereitungsart** zu wenig. Die Unterschiede sind gross und die Auswirkungen erstaunen mich immer wieder. Sanft garen lohnt sich auch bei Saucengerichten.

- **Starke Einflüsse rund ums Fleisch** trüben den Blick für den Genuss erheblich. Bei der Bearbeitung des Fleisches spielen Leistungszahlen eine wichtigere Rolle als die Qualitätserhaltung und der Genuss. Hygienische Sachzwänge, Verfehlungen schwarzer Schafe in der Branche, die Verkaufsargumente der Technik und die Gewinnvorstellungen der Unternehmer sind weitere Stichworte, welche eine grosse Rolle spielen.

- Der ganze **Lebensmittelbereich** im weitesten Sinne wurde **von der staatlichen Forschung in der vergangenen Jahrzehnten nicht verwöhnt**. Die Fleischforschung wurde in der Schweiz schlicht vergessen. Ist dies der Grund dafür, dass wir auch heute noch wenig über Abläufe im Garprozess wissen, und dass sich Unwahrheiten jahrzehntelang halten konnten?

- Bisher wurde davon ausgegangen, dass nur mit einem hervorragenden Rohmaterial ein gutes Gericht möglich sei. Eine **Qualitäts-Abwertung** des Fleisches durch die Zubereitung wurde zumindest im Privatkonsum in Kauf genommen. Ich dagegen bin überzeugt, dass auch mit einem mittelmässigen Rohmaterial ein sehr gutes Essen entstehen kann. Ich schätze, dass über 40% der Mängel ums Fleisch bei der Zubereitung entstehen. Für mich bedeutet Kochen eine Aufwertung der Rohmaterialien mit einem natürlichen und vertretbaren Aufwand.

Das will ich ausprobieren

Datum

Teil 3

Der Einkauf

Kurzübersicht Einkauf kann Stress bedeuten – vermeiden Sie ihn. Wer Einkauf und Verbrauch trennt, hat's einfacher.

Das beeinflusst den Fleischpreis

Viele Konsumenten empfinden Fleisch in der Schweiz als recht teuer. Berücksichtigt man, dass der Bauer zum Beispiel für seine Schweine heute wesentlich weniger bekommt als 1975 und die Verkaufspreise trotzdem stark gestiegen sind, so ist dieses Empfinden verständlich – aber mit einer ganzen Reihe von Argumenten erklärbar. Es wird oft vergessen, dass der Konsument selber nicht wenig zu dieser Verteuerung beigetragen hat. Es gibt viele Gründe – aber auch Möglichkeiten, dies zu korrigieren – die hier nicht abschliessend aufgezählt werden können:

- ***Lebenskosten***

Die Lebenskosten sind in der Schweiz höher als im Ausland. Auch der Landwirt hat Anrecht auf einen Ausgleich, auf ein entsprechendes Einkommen, was zu wesentlich höheren Preisen als im Ausland führt.

- ***Kleine Strukturen***

Kleinere Betriebe haben höhere Kosten pro Kilo Leistung. Ob ein Bauer 10 oder 80 Kühe im Stall hat, der administrative Aufwand ist nicht wesentlich grösser. Beim Metzger, der mehrmals pro Woche frische Würste herstellt, ist der Reinigungsaufwand für 200 kg Wurst gleich gross wie für 1'000 kg.

- ***Entsorgung Nebenprodukte***

Früher konnte alles verwertet werden. Es gab sogar noch Geld dafür und entlastete die Kalkulation. Heute wird sehr viel entsorgt, und das unter hohen Kosten, die auf den Verkaufspreis geschlagen werden müssen. Dass es sich dabei zum Teil um wertvolle Proteine handelt, die in einem Entwicklungsland ganz selbstverständlich gegessen werden, macht die Sache auch nicht besser.

- ***Extrem kurze Verkaufsfristen***

Wer schon im Ausland eingekauft hat, wunderte sich sicher über die dort praktizierten 4- bis 5-mal längeren Verkaufsfristen als bei uns. Dies hat nichts mit der Qualität der Ware zu tun, sondern hauptsächlich mit der Verkaufsstrategie. Durch die kurzen Fristen in der Schweiz werden nicht nur die Produkte verteuert, sondern es werden hervorragende Lebensmittel vernichtet, während anderswo Menschen hungern.

- ***Gesetzesflut***

Diese ist für kleinere Betriebe nicht nur unüberschaubar geworden, sie hat auch viele Sachzwänge geschaffen, welche zu einem grossen Kostenschub und zu einer Verteuerung der Nahrungsmittel geführt haben.

- ***Vollzug der Gesetze***

Die unterschiedliche Interpretation der Gesetze führt zu ungleich langen Spiessen im Wettbewerb. Viele gut bezahlte Leute verdienen heute ihr Einkommen damit, dass sie Kontrollfunktionen vielfältiger Art ausüben. Diese Löhne bezahlt der Konsument mit – über höhere Preise oder Steuern. Der Konsument, resp. die Konsumentenvertreter, vergessen oft, dass ihre Wünsche und Forderungen schliesslich von ihnen bezahlt werden müssen.

- ***Arbeitsabläufe***

Viele Arbeitsabläufe sind auf Grund der neuen Gesetze sehr aufwändig geworden und haben die Leistungsfähigkeit der Betriebe eingeschränkt. Logisch, dass der Unkostensatz in der Kalkulation angepasst werden musste.

- ***Arbeitsteilung***

Bedingt durch übertriebene Hygieneanforderungen, umgehen heute viele Betriebe das Risiko und verwenden Halbfabrikate, welche durch andere Firmen hergestellt werden. Während früher nicht wenige Arbeiten in der verkaufsschwachen Zeit selber günstig ausgeführt werden konnten, sind sie jetzt zu einem Kostenfaktor geworden.

- ***Aktionen – Rabatte***

Wer meint, die immer grösser werdenden Preisnachlässe und Rabatte bei Nahrungsmitteln seien ein Geschenk von irgendwem, irrt sich gewaltig. Sie sind Bestandteil der Normalpreiskalkulation. Der Kunde, der zum Normalpreis einkauft, bezahlt den Aktionsrabatt, von dem er oder sein Nachbar beim Einkauf nächste Woche profitiert. Logisch, wurde deshalb die Verkaufsmarge erhöht.

- ***Zuschnitt des Fleisches***

Der Exzess beim Zuschnitt geht weiter. Es ist nicht immer klar, ob der Kunde oder der Anbieter dafür verantwortlich ist. Sicher ist, dass das Fleisch dadurch nicht besser, sondern schlechter und wesentlich teurer geworden ist, weil alles, was unnötigerweise weggeschnitten wird, das Produkt verteuert.

Eine übersteigerte Dressur des Fleisches ist vierfach dumm: Das übrige Fleisch verteuert sich der Abschnitte wegen stark, der Saftaustritt ist gegenüber geschütztem Fleisch um ca. 4% höher, der Geschmack ist wegen des fehlenden Fettes viel schlechter und bei der Degustation schneiden so zugeschnittene Fleischstücke am schlechtesten ab.

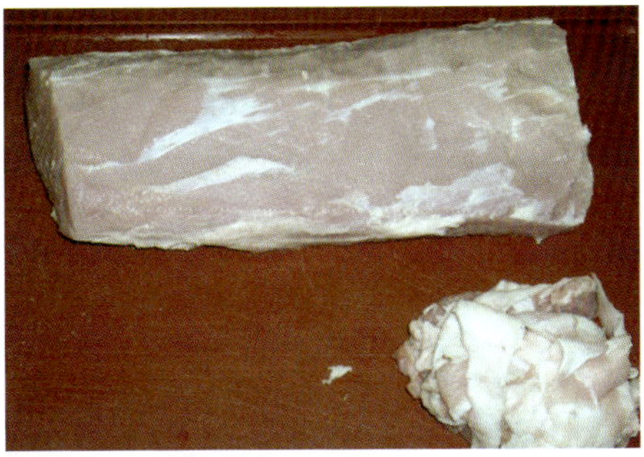

Hier hat es der Käufer in der Hand, selber etwas dazu beizutragen, dass das Fleisch nicht noch teurer wird. Wer den Zuschnitt auf Märkten oder beim Bezug ab Hof mit demjenigen in einer normalen Metzgerei vergleicht, staunt über die riesigen Unterschiede.

- ***Modeartikel***

Kurzbratstücke sind sehr beliebt, weil sie ohne grossen Aufwand und schnell zubereitet werden können. Wenn ein Tier geschlachtet wird, müssen alle Teile verkauft werden können. Die Nachfrage bestimmt den Preis. So bezahlen Sie für ein Kilo Rindsfilet schnell einmal 5- bis 7-mal mehr als für ein Kilo Siedfleisch. Beide Fleischstücke stammen vom gleichen Tier und sind in bester Qualität, nur gibt es von einem Rind 10-mal mehr Siedfleisch als Filet. Wer etwas Zeit investiert und clever vorgeht, der kann profitieren und herrliche Gerichte geniessen. Sogar ein Ochsenschwanz kann Freude bereiten, wie mein Rezept zeigt.

- ***Luxusverkaufsläden und die Folgen***

Wir schwelgen heute im Luxus der Einkaufstempel. Die Fahrt dorthin wird nicht als Kostenfaktor empfunden und die Investitionen für den Luxus werden mit der hohen Kundenfrequenz gerechtfertigt. Der kleine Anbieter im Dorf hat es zunehmend schwerer, den für seine Existenz notwendigen Umsatz zu erzielen. Und was passiert, wenn wieder ein Geschäft im Dorf oder in der Kleinstadt weniger ist? Dazu machen wir uns zu wenig Gedanken.

- ***Wir rennen in die falsche Richtung!***

Wir glauben, mit immer mehr Gesetzen zu mehr Sicherheit bei Lebensmitteln zu kommen. Dies ist sicher ein Trugschluss, denn es ist immer der Mensch, der für die Umsetzung und Durchsetzung sorgt.

• In der Praxis nicht einhaltbar

Wir haben nicht wenige Gesetze, die im Klein- und Mittelbetrieb in der Praxis kein Mensch einhalten kann. Ist «Augen zu und durch» die richtige Lösung? Wir füllen Hygiene-Kontrollblätter aus und glauben, alles sei sauber.

Die Anforderungen an einen kleineren Lebensmittelbetrieb sind heute heillos überrissen, fördern die notwendige Freude an der Arbeit nicht und sind seit Jahren ein wesentlicher kostentreibender Faktor. Und das Allerschlimmste dabei ist, von Genuss spricht niemand mehr.

In Brasilien hat dieses Ochsenschwanz-Gericht zweimal mehr gekostet als ein grosses Entrecôte.

Ochsenschwanz – es muss nicht immer Filet sein

- Dieses Rezept macht deutlich, welch tolles Gericht aus früher wenig begehrten Stücken möglich ist.
- Die grosse Nachfrage nach Ochsenschwanz zeigt, dass immer mehr Leute empfänglich für etwas nicht Alltägliches sind.
- Auch hier gilt, je sanfter die Gartemperatur, desto besser das Ergebnis.
- Eine Polenta passt ausgezeichnet dazu.

Zubereitung

2 ganze Ochsenschwänze	den Gliedern nach unterteilen, grössere Fettstücke entfernen, dieses Fett fein schneiden und in der Bratpfanne auslassen
Salz, schwarzer Pfeffer	Ochsenschwanz würzen und im Fett anbraten
200 g Zwiebeln	fein schneiden, dazugeben, andünsten
3 Knoblauchzehen	fein schneiden, dazugeben, andünsten
5 dl Rotwein	dazugeben
3 Lorbeerblätter	dazugeben
1 EL Tomatenpüree	dazugeben
1 EL Majoran	dazugeben
½ Zitrone	abgeriebene Schale und Saft beigeben
5 dl Kalbsfond	dazugeben und während etwa 3 Stunden bei mittlerer Hitze weich kochen, Fleisch vom Knochen entfernen, Lorbeerblätter aus Sauce nehmen
400 g Feuerbohnen (Dose)	dazugeben
1 Kartoffel roh	darunter raffeln
1 EL Honig	beigeben
2 EL Balsamicoessig	beigeben
	Fleisch beigeben und nochmals 20 Minuten köcheln lassen, Sauce sollte eine dicke Konsistenz haben

Der Ausweg

Eine Möglichkeit, diesen unerfreulichen Umständen auszuweichen, ist die Trennung zwischen Einkauf und Verbrauch. Immer mehr Menschen machen dies und profitieren davon. Es geht jetzt nicht darum, dass Sie sich bei jeder Aktion bis zum «Geht-nicht-mehr» eindecken und den Tiefkühler füllen. Aber es gibt nicht wenige Nahrungsmittel, bei denen es sich lohnt, Vorräte anzulegen. Durch die Erstellung von eigenen Halbfabrikaten und deren Lagerung im Tiefkühler ist eine willkommene Vereinfachung und erst noch ein guter und günstiger Einkauf möglich.

- ***Bedauerlicher Widerspruch***

Heute ist die Herstellung von Produkten ausserordentlich eng reglementiert, was zu entsprechenden Kosten und damit zu stolzen Preisen führt. Weil man aber überall spart, wird dem Niveau und der Ausbildung des Verkaufspersonals nicht die entsprechende Beachtung geschenkt. Ein verrückter und bedauerlicher Widerspruch, aber es ist so. So bleibt Ihnen nichts anderes übrig, als selber Hinweise zu sammeln, die es Ihnen ermöglichen, sich auch zu fachspezifischen Dingen kompetent ein Urteil zu bilden. Nehmen Sie es selber an die Hand und wählen Sie Ihr Fleisch kritisch aus. Am Beispiel «Sanft-Garen» des Schweinsbratens (Seite 68) sehen Sie, dass nicht alles richtig ist, was in den vergangen Jahrzehnten als die einzige Wahrheit dargestellt wurde.

Gut essen und geniessen birgt die Gefahr in sich, immer dicker zu werden! Immer nur Hochgenuss können sich nur wenige leisten. Nicht wenige Menschen unterscheiden deshalb heute bei der Verpflegung zwischen «Überleben» und «Geniessen». Wer heute zu wenig Zeit hat, um geniessen zu können, verpflegt sich mit einem vitaminhaltigen, fettarmen Sandwich in kürzester Zeit ganz vernünftig und günstig. Wenn Sie aber Zeit haben und im Kreise Ihrer Gäste eine kleine Genussorgie veranstalten, so finde ich das prima. «Von nichts gibt's nichts», dieser alte Spruch stimmt immer noch. Einer Küche ohne Rahm und Butter fehlt etwas. Die Frage ist wann und wie viel.

Lachs-Kürbis-Vorspeise

- Wenn Sie das Kürbismus in grösseren Portionen tiefgekühlt haben, so können Sie gleichzeitig und zusätzlich Kürbisköpfli machen. Sofern beim Abfüllen sauber gearbeitet wird (keinen Handkontakt), können Sie diese problemlos 3 Tage im Kühlschrank aufbewahren.
- Vorsicht, Fisch wird allgemein viel zu lange gegart.
- Nehmen Sie rohen Lachs für dieses Rezept.

Zubereitung

200 g Kürbismus	auftauen lassen
½ Bouillonwürfel	dazugeben
2 Beutel Agar-Agar-Geliermittel	dazugeben und aufkochen lassen
2 EL Saucen-Halbrahm	dazugeben
Streuwürze, Pfeffer	abschmecken
300 g roher Lachs	in Würfel schneiden (Kantenlänge 1,5 cm)
	je 1 EL heisse Kürbismasse in kleine feuerfeste Formen geben, Fisch roh darauf legen
80 g Mascarpone	auf die 4 Formen verteilen
	Kürbismasse dazu, bis Fisch knapp bedeckt ist
wenig Parmesan	kurz vor dem Gratinieren darüber geben,
	bei 150° C mit Oberhitze/Grillschlange etwa 6 Minuten gratinieren,
	bis oben Farbe schön ist
wenig getrockneter Dill	darüber geben
	in den Formen mit Kaffeelöffeln servieren

Der gute Einkauf

Über einen Markt zu schlendern ist immer ein Erlebnis. Die angebotenen Waren, die vielen verschiedenen Düfte, die Menschen, die grossartigen Farben und Emotionen sind für mich life pur. Der Einkauf erfolgt normalerweise aus dem Bauch heraus, wenn mich ein Produkt anlacht und ich nicht für ein bestimmtes Rezept einkaufen will. Dass ich bei so einem Abstecher regelmässig zuviel mit nach Hause bringe, nehme ich in Kauf, weil mir die Freude wichtiger ist. Keine Angst, es geht nichts verloren, obwohl ein Zwei-Personen-Haushalt leider schnell versorgt ist.

• *Einkaufen kann mühsam sein*

Einkaufen ist einfach und gleichzeitig auch schwierig geworden. Alles ist jederzeit erhältlich und die Kalkulation der Produkte ist nicht mehr nachvollziehbar. Saison ist eigentlich immer irgendwo, nur will ich das? Bei der Auswahl der Sorten wird nicht mehr auf das Aroma geschaut – gut transportfähig scheint heute das oberste Kriterium zu sein. So kommt es, dass eine Tomate nur noch rot sein muss, aber mit dem Aroma einer Tomate aus Nachbars Garten nichts mehr zu tun hat.

• *Der lange Arm der Grossverteiler*

Wir sind als Konsumenten heute beim Einkauf nicht mehr frei. Der Grossverteiler bestimmt, was gegessen werden soll. Gesteuert wird das über die Aktionen, die mit Preisnachlässen manipuliert werden, die nicht mehr seriös sind. Das führt dazu, dass nicht nur Waschmittel vorwiegend bei Aktionen eingekauft werden. Bei einem verderblichen Produkt, wie die Schweizer Volkswurst Cervelas, nähert sich der Anteil der Aktionsware gemessen am Gesamtumsatz der schier unglaublichen 40%-Marke. Damit die Rechnung am Schluss aufgeht, wird die normale Marge – in Deutschland heisst das Spanne – drastisch erhöht. Derjenige, der zum vollen Preis einkauft, muss sich richtig dumm vorkommen.

Um hier nicht fremdbestimmt zu werden, ist der Weg über die Zwischenlagerung im Tiefkühler in vielen Fällen eine ausgezeichnete Variante.

Wo bleibt da die Logik – war es vorher viel zu teuer oder wird so viel verdient?

Apfel-Curry-Suppe

- Diese einfache, aber sehr exquisite Suppe ist mit wenig Aufwand zubereitet.
- Kleine und feine Suppen sind wieder in. Beschaffen Sie sich kleine Suppentassen, in denen etwa ¾ dl Flüssigkeit Platz findet und servieren Sie diese Suppe mit Kaffeelöffeln.
- Wichtig ist das Vorwärmen der Tassen, damit die Suppe des kleinen Volumens wegen nicht zu schnell kalt wird.

Zubereitung

2 dl Milch	in Pfanne geben
4 Äpfel	schälen und durch Bircherraffel in die Milch reiben
½ Bouillonwürfel	dazugeben
	5 Minuten köcheln lassen
	mit dem Stabmixer pürieren
1 EL Currypulver	dazugeben
2 KL Kalbsfondpulver	dazugeben, aufkochen lassen, in vorgewärmte Tassen geben
eine Rahmhaube	aufsetzen
mit Currypulver	dekorieren

Der Weg über den Tiefkühler

Um vom Aktionspreis bei Frischprodukten zu profitieren und trotzdem die Menüs selber bestimmen zu können, lohnt der Umweg über den Tiefkühler erst recht. Wenn folgende Punkte beachtet werden:

- ***Verpackung***

Es gibt viele Artikel, die wir mit guter Verpackung selber problemlos tiefkühlen können und so schnell zur Hand haben. Andere Artikel, ich denke vor allem an Fleisch aus der Selbstbedienung, welches nicht vakuumiert ist, muss vor dem Tiefkühlen zwingend umgepackt werden. Die dünne Folie ist nur ein Berührungsschutz und für das Tiefkühlen völlig ungeeignet.

Verpacken Sie solches Fleisch möglichst flach – so taut es schnell auf – und gut verpackt (Tiefkühlbeutel mit wenig Luft) und legen Sie es für 2 bis 5 Tage an die kälteste Stelle in Ihrem Kühlschrank, bevor Sie es in den Tiefkühler legen. Fleisch sollte immer im genussfertigen Zustand tiefgekühlt werden, weil nach dem Auftauen der höheren bakteriologischen Belastung wegen der Kochprozess schnell starten sollte.

Feuchte Lebensmittel – dazu gehören auch Fleisch und Fleischprodukte – sollten nicht in Alufolie verpackt tiefgekühlt werden, da sich darin Alu-Ionen bilden. Diese sind unerwünscht.

- ***Qualität***

Es lohnt sich, den Reifegrad von Fleisch in der Selbstbedienung zu prüfen. Der hellroten Farbe wegen wird besonders Schweinefleisch oft knapp gelagert in die Verkaufsvitrine gestellt. Legen Sie solches Fleisch vor dem Tiefkühlen für zwei bis drei Tage in den Kühlschrank.

- ***Fleisch auftauen***

Ideal erfolgt dies im Kühlschrank, aber das dauert seine Zeit. Erstaunlich gut geht es auch in der Mikrowelle, vorausgesetzt Sie kontrollieren exakt die notwendige Zeit. Vakuum-verpacktes Fleisch können Sie sehr gut auch im kalten Wasser auftauen. Auch wenn es eilt, sollten Sie nur kaltes Wasser verwenden. Wer warmes Wasser einsetzt, macht damit in mehrerer Hinsicht eine Dummheit. Fleisch ist im Zentrum bekanntlich immer steril, die

Bakterien befinden sich auf der Aussenseite und sind in der Tiefkühlphase völlig inaktiv. Wird Fleisch im warmen Wasser aufgetaut, so wachen die Bakterien auf und vermehren sich dank der optimalen Bedingungen ausserordentlich schnell. Unnötig zu sagen, dass der Saftverlust auf diese Weise überdurchschnittlich hoch ist. Und um das Fiasko vollständig zu machen: der Auftauprozess findet so nicht schneller statt.

- ***Beschriftung***

Neben der Verpackung ist auch die Beschriftung der Packungen wichtig. Nur so ist die Rotation sichergestellt und es entsteht kein Verlust.

- ***Haltbarkeit***

Die Haltbarkeit von Fleisch im Tiefkühler ist nicht unbeschränkt. Das «First in – First out» ist wichtig. Je tiefer die Temperatur im Tiefkühler, desto länger die Haltbarkeit. Grössere Fleischstücke sind im Tiefkühler länger haltbar als kleine Stücke und mageres Fleisch ist länger haltbar als fettes.

Kaufen Sie Fleisch für ein Geschnetzeltes nicht bereits im geschnetzelten Zustand, sondern als Schnitzel und frieren diese ein. Wenn sie angetaut sind, können sie prima gewürfelt werden. So ergeben sie ein sehr gutes Rohmaterial für ein Geschnetzeltes, weil der Saftaustritt viel kleiner ist.

Ich gehe hier noch einen Schritt weiter und brate das Fleisch als Schnitzel beidseitig je 1 bis 2 Minuten, unterteile es nachher zu Geschnetzeltem und gebe es in die warme und fertige Sauce. Diese sollte ab jetzt nicht mehr kochen, weil sonst das Fleisch zäh wird. Das Fleisch zieht in der warmen Sauce nach und bleibt so zart.

- ***Ihr Vorteil***

Fleisch kann in gegartem Zustand problemlos ein weiteres Mal tiefgekühlt werden. Ich denke dabei besonders an Braten, Siedfleisch oder Ragout, die in kleinen Mengen gegart keinen Sinn machen. Achten Sie darauf, dass das gegarte Fleisch vor dem Tiefkühlen gut gekühlt wird und von der Sauce vollständig zugedeckt ist, weil sonst sehr schnell eine unliebsame Geschmacksveränderung eintritt.

• *Halbfabrikate*

Es gibt nicht wenige Produkte, die Sie vor dem Tiefkühlen zu eigentlichen Halbfabrikaten verarbeiten können. Das lohnt sich in jedem Fall, weil der Aufwand viel kleiner ist. Die Frische bleibt erhalten, der Verlust ist minim und der Beschaffungspreis kleiner. Ob Sie 4 oder 30 Hamburger herstellen, der Aufwand für den Einkauf, die Verarbeitung und die Reinigung der grösseren Menge ist etwa gleich, der Nutzen aber gross. Die Qualität wird eher besser und die Endzubereitung ist einfach und schnell.

Je frischer Ware verarbeitet wird, desto weniger Abfall entsteht und desto mehr Vitamine bleiben erhalten. Überlegen Sie, wie ganz anders die Rechnung aussieht, wenn Sie statt dem Kürbismus aus dem Tiefkühler einen Kürbisteil einkaufen, um daraus eine Suppe zu machen. Ein Teil bleibt dann meistens im Gemüsefach des Kühlschrankes liegen, bis er einen grauen Bart hat, weil die gekaufte Menge nicht mit dem Rezept übereingestimmt hat.

Der Tiefkühler richtig eingesetzt ist eine grosse Hilfe. Aber er muss, damit die Ware nicht zu alt wird, bewirtschaftet werden. Ware für den Tiefkühler unterteile ich in Portionen, sodass praktisch nie Resten entstehen. Das ist einfacher als Sie denken. Mit etwas Übung schaffen Sie das spielend und das Resultat lohnt sich.

Lachstranchen-Traum

- Dieses einfache und problemlos vorzubereitende Gericht wird Ihre Gäste verblüffen.
- Kaufen Sie sich Silberlachs aus Alaska. Er ist ganz mager und wunderbar weich im Biss.
- Das Gemüse wird, der unterschiedlichen Garzeiten wegen, separat gekocht.

Vorbereitung

5 dl Bouillon	in weite Pfanne geben, aufkochen
200 g Rüebli	in kleine Würfel schneiden knapp weichkochen, mit Sieb herausnehmen
200 g Sellerie	in kleine Würfel schneiden knapp weichkochen, mit Sieb herausnehmen
150 g Lauch	in kleine Würfel schneiden knapp weichkochen, mit Sieb herausnehmen
100 g Fenchel	in kleine Würfel schneiden knapp weichkochen, mit Sieb herausnehmen
150 g Weisskohl	in kleine Streifen schneiden knapp weichkochen, mit Sieb herausnehmen
½ TL Zitronenpfeffer	würzen
1 TL Streuwürze	würzen
	alle Gemüse mischen und in flache Gratinform verteilen

Sauce

2 dl Gemüsebouillon	erwärmen
½ dl Cointreau	dazugeben und Sauce wenn nötig etwas reduzieren
¼ TL Trockenbouillon	dazugeben
60 g Mascarpone	darunter rühren
¼ TL Maizena Express	binden
¼ TL Dill	dazu geben
Pfeffer und Streuwürze	abschmecken

Fertigstellung

800 g Lachs roh	in vier Portionen schneiden
Gratinform	mit Gemüsemischung 15 Minuten bei 160° C in den Backofen stellen, Lachstranchen auf das Gemüse legen (wenn Haut vorhanden, diese nach oben), etwa 7 Minuten zurück in den Backofen geben, 2 Minuten ruhen lassen

Behandlung nach dem Einkauf

Wer ein gutes Fleischgericht will, muss hier und nicht erst in der Küche anfangen. Kaufen Sie Fleisch – mit Ausnahme von Innereien, Fisch und Hackfleisch – nicht erst am Zubereitungstag, sondern einige Tage früher.

- ***Kühlkette***

Die Haltbarkeitsfristen auf den Packungen sind in der Schweiz sehr kurz bemessen, dies u.a. darum, weil viele Kunden der Kühlkette zu wenig Beachtung schenken. Wenn Sie die Kühlkette nach dem Einkauf nicht oder nur kurz unterbrechen und die Produkte im Kühlschrank unter 5° C aufbewahren, so bleibt die Qualität weit über das Verfalldatum hinaus sehr gut.

- ***Bearbeitung***

Kontrollieren Sie grössere Fleischstücke **auf Knorpelrückstände** und entfernen Sie diese. Auch kleinste Teile können sehr unangenehm sein, wenn Sie oder Ihre Gäste darauf beissen. Mit der Schere schaffen Sie die Entfernung dieser Störenfriede bestens.

Spülen Sie grössere Fleischstücke mit **kaltem Wasser** ab und trocknen Sie sie mit Haushaltspapier.

- ***Würzen***

Legen Sie das Fleisch in eine feuerfeste Form und **würzen Sie es mit einer dickflüssigen Gewürzpaste**. Erstellen Sie eine zähflüssige Paste aus Senf,

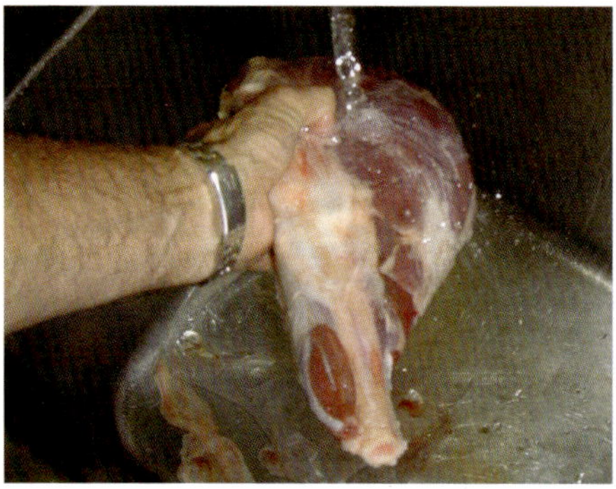

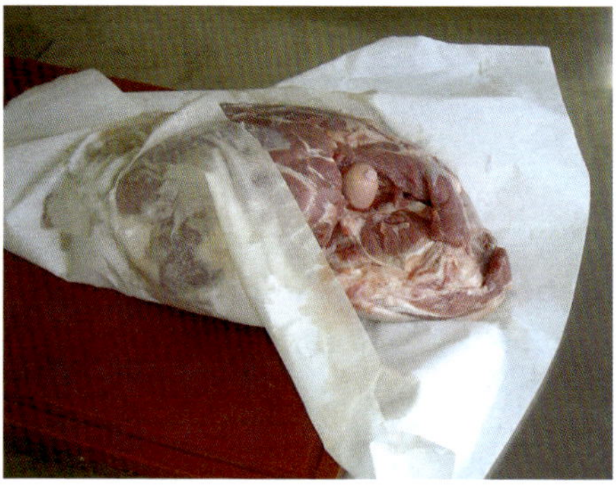

Wenn immer möglich: abspülen und trocknen.

Streuwürze, Gewürzen und wenig Öl und Wasser und bestreichen Sie das Fleisch rundherum damit. Sie können diese Paste in einer grösseren Menge zubereiten, weil sie für viele Fleischstücke eine gute Basis ist und sich im Kühlschrank in einem verschlossenen Glas problemlos während Wochen aufbewahren lässt.

Im Handel erhältliche Marinaden oder bereits darin eingelegtes Fleisch enthalten meistens zu viel und erst noch sehr teures Öl, dafür aber zu wenig Säure. Der Säureanteil ist aber wichtig, weil dadurch der pH-Wert auf der Fleischoberfläche gesenkt und die Bakterien sich viel weniger schnell entwickeln können. Dazu kommt, dass Säure mithilft, Fleisch zarter zu machen.

Würzen gehört, mit Ausnahme des Zeitpunktes der Salzzugabe, bei einem Geschnetzelten zweifellos zu den 95%, die beim Kochen Ansichtssache sind. Also gibt es mehrere Lösungen. Wählen Sie die Ihnen zusagende!

Ich verwende Streuwürze und weiss, es ist das teuerste Salz, das ich kaufen kann. Streuwürze – Fondor, Aromat, Mirador etc. – ist einfacher, schneller und bequemer in der Handhabung. Die Reaktionen auf mein erstes Buch waren recht zahlreich, weshalb ich diesem Thema einige Zeilen widme.

Wer alte Kochrezepte studiert, findet fast in allen Gerichten die Beigabe von Zucker, welches mithilft, ein Gericht runder zu machen. Und dieser Zuckeranteil ist in der Streuwürze bereits vorhanden.

Ernährungsspezialisten warnen, dass wir zu viel Salz zu uns nehmen. Ohne Salz wird es sehr schwierig, ein gutes Gericht herzustellen. Mit dem massvollen Einsatz von Streuwürze glaube ich, den Salzkonsum zu reduzieren und somit eine vertretbare Lösung zu praktizieren.

• *Warendeklaration Streuwürze*

Die Zutatenliste am Beispiel von Schweizer Produkten zeigt den ungefähren Anteil der einzelnen Stoffe. Spezialisten gehen davon aus, dass Streuwürze etwa zur Hälfte aus Salz besteht und der Rest – in absteigender Menge – folgende Elemente enthält: Geschmacksverstärker (Natriumglutamat), Milchzucker, Weizenstärke, Hefeextrakt, pflanzliche Fette und Öle, teilweise gehärtet, Zwiebeln, Antiklumpmittel (Calciumsilicat), Gewürze, Gewürzextrakte (mit Sellerie), Pilzextrakt.

• *Natriumglutamat – die Meinung der Spezialisten*

Interessant ist auch die Bemerkung von Spezialisten über den Geschmacksverstärker Natriumglutamat (E 621). Es ist ein in der ganzen Welt, besonders aber in Ländern des Fernen Ostens seit Jahrhunderten verwendeter Lebensmittelzusatzstoff und enthält die Geschmacksrichtung «umami», welche vor allem für proteinreiche Lebensmittel typisch ist.

Glutamat besteht aus Natrium und Glutaminsäure. Glutaminsäure ist ein natürlicher Bestandteil von Eiweissen und kommt in den meisten Lebensmitteln vor. Glutaminsäure wird neben der Einnahme über die Nahrung auch im Körper produziert (48 g/Tag). Selbst in der Muttermilch ist Glutaminsäure enthalten (22 mg/100 g). Glutaminsäure kommt natürlicherweise in vielen Lebensmitteln vor, z.B. in Tomaten (140 mg/100 g), Parmesan (1200 mg/100 g) oder Geflügel (44 mg/100 g). In westlichen Ländern beträgt die als Zusatzstoff durch die Nahrung durchschnittlich aufgenommene Menge Natriumglutamat etwa 0,4 g pro Tag, in asiatischen Ländern rund 3 g. Glutamat kann von Menschen aller Altersgruppen gefahrlos konsumiert werden. Das Glutamat im Knorr Aromat wird aus Zuckerrüben gewonnen.

Die gesetzliche Zulassung eines Lebensmittelzusatzstoffes muss durch Verträglichkeitsstudien abgesichert sein. Glutamate sind von internationalen Expertengremien wie FAO/WHO Expert Committee on Food Additives (JECFA) und dem Wissenschaftlichen Lebensmittelausschuss der EU (SCF) als gesundheitlich unbedenklich eingestuft worden. Glutamat ist als Geschmacksverstärker auch in der Schweiz vom Bundesamt für Gesundheit (BAG) zugelassen und wird in vielen Produkten eingesetzt. Glutamat ist für alle Menschen sicher, auch für Schwangere, Stillende und Kinder.

In den USA wurde vor Jahrzehnten erstmals das so genannte «China-Restaurant-Syndrom» beschrieben, mit Symptomen wie Kopfschmerzen, Herzklopfen und Anschwellen der Schleimhäute, was auf die Einnahme von MSG (Mononatriumglutamat) in hohen Mengen (5 g und mehr) zurückgeführt wurde. In wissenschaftlichen Studien konnte ein solcher Zusammenhang nie nachgewiesen werden. Die Testpersonen zeigten entweder keine Reaktionen oder reagierten mit ähnlichen Symptomen auch auf andere Lebensmittel wie Schokolade, Kaffee, Orangensaft etc.

Gewürzpaste extra

- Immer wieder fasziniert mich, wie zart Fleisch besonders in asiatischen Gaststätten ist und wie gut es schmeckt. Was lag näher, als sich vor Ort mittels eines besuchten Kochkurses näher mit der Sache zu befassen und dabei den Köchen über die Schultern zu schauen.
- Die asiatische Küche verwendet viele Zutaten, die u.a. auch in der Heilkunde verwendet werden. Kurkuma, auch Turmerik oder Gelbwurz genannt, ist ein solches. Es färbt ausserordentlich stark und fehlt in keinem indischen Gericht. Kurkuma hat viele gute Eigenschaften, ist sehr verdauungsfördernd und macht das Fleisch noch zarter. Die zartmachende, enzymatische Wirkung der frischen Kurkuma-Knolle ist stärker als das Pulver.
- Am Schluss sollte eine dickflüssige Masse entstehen, die in einem Konfitürenglas problemlos einige Zeit im Kühlschrank aufbewahrt werden kann.
- Kleine Fleischstücke werden mindestens 2 Stunden vor der Zubereitung mit der Paste vermischt, grössere Braten nach dem Einkauf damit eingerieben.

Zubereitung

150 g Kurkuma frisch oder	
30 g Kurkumapulver	fein reiben oder mit Mörser zerkleinern
50 g brauner Zucker	dazugeben
100 g Streuwürze	dazugeben
200 g Sojasauce	dazugeben
150 g Wasser	dazugeben
50 g Paprikapulver mild	dazugeben
50 g schwarzer Pfeffer	dazugeben
50 g Tomatenpüree	dazugeben
150 g mittelscharfer Senf	dazugeben
50 g gemahlener Koriander	dazugeben und alles gut mischen

Gabelzart ______________________________

Das will ich ausprobieren

Datum

Teil 4

Das Garen

Kurzübersicht **Wer die häufigsten Fehler vermeidet, die richtigen Fleischstücke wählt und «Sanft-Gart», wird sich freuen.**

Das passiert beim Garen von Fleisch

Fleisch wird normalerweise gegart, weil es so besser kaubar ist und angenehmer schmeckt. Jeder Fleischmuskel muss beim Garen anders behandelt werden. Magere Braten stellen andere Anforderungen als mit Fett durchwachsene Braten oder als Fleisch, das in Feuchtigkeit weichgeschmort wird. Folgende Faktoren spielen dabei eine grosse Rolle:

- **Die kleinste Einheit** bei einem Fleischmuskel ist die Myofibrille. Sie ist 1/1000 Millimeter klein und die 75% Wasser des Fleisches sind da eingelagert. Mehrere hundert Myofibrillen ergeben eine Muskelfaser, und wiederum 50 bis 100 Muskelfasern ergeben ein Muskelbündel. So wundert es nicht, dass schon der geringste Druck zu Stress wird – oder besser gesagt – der Saft verloren geht, der dann im Fleischstück auf dem Teller fehlt.

Wer sich die Spannung und den Druck vorstellt, die ein Stück Fleisch erlebt, wenn es in kaltem Zustand in die heisse Bratpfanne kommt, der wundert sich nicht mehr, dass selbst bei einer vorzüglichen Qualität des Rohmaterials nicht immer der gewünschte Gegenwert erzielt werden kann.

- Zum Garen benötigen wir Hitze, oder genauer gesagt, je nach Fleischsorte und Muskel **unterschiedliche Temperaturen**, damit das passiert, was wir erreichen wollen. Der Unterschied zwischen der Kerntemperatur und der Umgebungstemperatur wird zuwenig beachtet, ist aber ausserordentlich wichtig.

- Die **Kerntemperatur** sagt etwas aus über die herrschende Temperatur im Kern des Fleisches, oder besser gesagt, des Garpunktes. Je höher dieser ist, desto grösser der Saftverlust. Es ist wichtig, dass wir Fleisch nur auf die nötige Kerntemperatur erhitzen und nicht höher. Wer seinen Braten ohne Kerntemperaturmesser gart, macht einen Blindflug und darf so nicht ein ideales Ergebnis erhoffen. Das Kochen mit Gefühl ist hier ein schlechter Ratgeber. Die Kerntemperatur hat nichts mit der Hygiene zu tun. Ein gesundes Fleischstück – und nur solche gelangen in den Handel – ist im Zentrum immer steril. Die unerwünschten Bakterien befinden sich nur auf der Aussenseite eines Fleischstückes und werden beim Garprozess abgetötet.

Entenbrust

- Dieses in Frankreich sehr beliebte Fleischstück eignet sich bestens als Vorrat im Tiefkühler, sofern es vakuumverpackt ist. Es ist sehr schnell aufgetaut.
- Lassen Sie die Aussenhaut auf der Entenbrust dran, sie schützt und ist Bestandteil des Gerichtes.
- Anstelle von Orangen können Sie auch Zitronen verwenden.
- Streuen Sie die lauwarmen Grieben als Zutat über den Salat.
- Fleisch auf Saucenspiegel servieren.

Vorbereitung
- Zwei mittlere Entenbrustfilets abspülen und mit Küchenpapier trocknen.
- Überstehendes Fett an den Rändern etwas zurückschneiden.
- Beide Seiten mit Gewürzpaste einreiben.
- Wenn möglich zugedeckt 2 bis 3 Tage in den Kühlschrank legen.
- Abgeschnittenes Fett in kleine Stücke schneiden und kühl stellen.

Zubereitung
- Entenbrust vor der Zubereitung einen halben Tag oder einige Stunden in die Küche stellen.
- Backofen auf 80° C einstellen und Entenbrust mit der Hautseite nach oben **ohne anzubraten hineinstellen**.
- Wenn 50° C Kerntemperatur erreicht ist (etwa 45 Minuten), Fleisch herausnehmen und in der Bratpfanne mit dem ausgelassenen Fett zuerst auf der Hautseite, dann auf der anderen Seite, kurz anbraten.
- Backofentüre öffnen, Temperatur auf 50° C einstellen und Fleisch dort während 30 bis 60 Minuten ruhen lassen.

- In der Zwischenzeit Fettwürfel in der Bratpfanne bei mittlerer Hitze und unter stetigem Wenden braun werden lassen.
- Das gewonnene Fett in ein Gefäss geben und weiter verwerten (prima für Gemüse).
- Grieben herausnehmen, etwas Streuwürze dazugeben und für Salatbeigabe auf die Seite stellen.

Sauce

1 Orange	gut waschen und die Hälfte der Schale fein abreiben, Saft auspressen und beides in die Pfanne geben
½ dl Cointreau	dazugeben
1 Msp Trockenbouillon	dazugeben
1 dl Orangensaft	dazugeben, auf die Hälfte einreduzieren lassen
1 TL Kalbsfondpulver	dazugeben
1,8 dl Saucen-Halbrahm	dazugeben
schwarzer Pfeffer und Streuwürze	abschmecken und zur gewünschten Konsistenz einköcheln

- Die **Umgebungstemperatur** ist für das Garen von Fleisch verantwortlich. Ihre Höhe beeinflusst die Garzeit, den Stress im Fleisch und damit den Gewichtsverlust. Je tiefer dieser gehalten werden kann, desto höher der Genuss beim Essen. Wer mit tiefen Umgebungstemperaturen gart, muss immer dafür sorgen, dass die Temperaturen auch stimmen, weil sonst die Ziele nicht erreicht werden können.

- Von der Umgebungstemperatur hängt aber auch ab, wie viele **Vitamine** den Garprozess überleben und wie lange die **Enzyme** im Fleisch wirken können. Beide sind sehr temperaturabhängig und werden bei hohen Temperaturen inaktiv. Die natürlichen Enzyme spielen beim Reifeprozess eine entscheidende Rolle und sind verantwortlich für zartes Fleisch.

- Es gibt **keine guten oder schlechten Muskeln** eines Tieres, nur falsch bearbeitete und falsch verwendete! Vom Preis her eine Aussage über die Qualität zu machen ist falsch. Der Preis bildet sich durch Angebot und Nachfrage auf dem Markt, der von der anfallenden Menge abhängt. Ein Rind liefert knapp 4 kg Filet und 40 kg Siedfleisch. Wenn ich aber ein Siedfleisch durchzogen à la minute gare, gibt es das gleiche Fiasko, wie wenn ich ein Filet zu lange gare.

- ***Auf das kommt es an***

Das Ziel beim Garen eines mageren Fleischstückes ist klar und das Vorgehen eigentlich sehr einfach. Die Fleischportion muss durch das Erreichen der richtigen Kerntemperatur genussfähig werden und das Anbraten des Fleisches soll ein geschmackförderliches Röstaroma ermöglichen. Wie wir das erreichen, ist uns frei gestellt. Hauptsache, es entsteht möglichst wenig Druck, damit der Saft im Fleisch bleibt.
Je sanfter dies geschieht, desto grösser der Genuss auf dem Teller. Bei meinem «Sanft-Garen» werden die Enzyme während des Garprozesses nicht stillgelegt und arbeiten weiter. Dies ist mit ein wichtiger Grund, dass «sanftgegartes» Fleisch wesentlich zarter und weicher ist als alle anderen.

Welche Vorteile hat «Sanft-Garen»?

Sanftheit setzt voraus, dass Druck wenn immer möglich vermieden wird und dass demzufolge der Saftaustritt viel kleiner ist. Viele Versuche haben gezeigt, dass gegenüber dem herkömmlichen Niedergaren mit etwa 8 bis 15% weniger Saftaustritt und entsprechendem Mehrgenuss gerechnet werden kann. Der Vergleich mit dem konventionellen Garen ist mit 20 bis 30% weniger Gewichtsverlust noch viel markanter.

Kaufen Sie deswegen nicht weniger Fleisch. Sanft-gegarter Braten kalt aufgeschnitten scheut keinen Vergleich mit jedem Fertigprodukt. Diese werden oft zusätzlich bearbeitet und mit einer ähnlichen Methode gegart.

«Sanft-Garen» hat aber (abgesehen von der **nur bescheidenen Verschmutzung des Backofens**) noch einen weiteren, sehr wichtigen Vorteil: die Wirkung der **Enzyme**. Sie sind für das Zartwerden eines Fleischstücks verantwortlich. Der Prozess wird nicht nur durch die Grösse des Fleischstücks sondern auch durch die Umgebungstemperatur beeinflusst.

Bei tiefen Lager-Temperaturen von unter 5° C sind Bakterien und Enzyme nur schwach aktiv. Bakterien spielen beim Garen hygienisch eine unbedeutende Rolle, weil sie sich immer nur auf der Oberfläche des Fleisches befinden und ab 63° C abgetötet werden. Diese Temperatur wird bei jedem Garprozess erreicht.

Die Enzyme wirken im Innern des Fleisches und kommen beim «Sanft-Garen» so richtig in Fahrt. Wird Fleisch aber auf die herkömmliche Weise mit grosser Hitze angebraten und gegart, so werden die Enzyme schnell inaktiv. Wenden wir «Sanft-Garen» an, profitieren wir von der Wirkung der Enzyme über die ganze Garzeit, ja sogar während der Ruhephase.

Wenn Sie Fleisch «Sanft-Garen», so wird alles viel einfacher. Die sonst so wichtigen Garzeiten spielen keine grosse Rolle mehr und das Fleisch erträgt auch sonst recht viel. Aus etwas Teurem wird etwas Kostbares!

• *Das Beispiel Schweinsnierstück-Braten*

Übertragen wir das auf ein Stück Fleisch, auf einen Schweinsbraten. Es ist das Rezept, das ich für den Weihnachts-Menü-Vorschlag für das Schweizer Radio erarbeitet habe.
Wir freuen uns auf ein gepflegtes Essen mit unseren Freunden. Dieses Ziel erreichen wir leichter, wenn wir alles unternehmen, damit es dem Braten gut geht.

Und das bedeutet:

Einkauf Kaufen Sie das Fleischstück in einem Betrieb, den Sie kennen und der Ihnen die Gewissheit geben kann, dass die Transportwege vor der Schlachtung klein waren und der Tötungsprozess möglichst ohne Stress vonstatten ging. Das ist heute in der Schweiz gar nicht mehr einfach, weil viele öffentliche Schlachthöfe geschlossen wurden und private ohne Auflage nicht rentieren und ebenfalls schliessen.

Behandlung Sorgen Sie nach dem Einkauf dafür, dass die Kühlkette möglichst nur kurz unterbrochen wird, weil sonst im Fleisch ein Druck entsteht, der unweigerlich zu Saftverlust führt. Zu Hause packen Sie den Braten aus und prüfen, ob alle Knorpel und Knochenresten entfernt worden sind. Eine kurze Dusche mit kaltem Wasser führt dazu, dass Bestandteile, welche die Lagerfähigkeit reduzieren, weggespült werden. Dann trocknen Sie das Fleischstück ab.

Würzen Reiben Sie jetzt den Schweinsbraten sorgfältig mit einer Gewürzpaste ein und legen Sie ihn in eine feuerfeste Form. Die Säure in der Gewürzpaste sorgt dafür, dass Bakterien auf der Fleischoberfläche kein gutes Wachstumsklima haben. Schützen Sie das Fleisch mit einer Klarsichtfolie vor fremden Einflüssen.

Hygiene Es ist wichtig, dass das Fleischstück nach dem Würzen in der feuerfesten Form bleibt, bis es in den Backofen kommt. So vermeiden Sie die Kontamination (Keimverschleppung) in Ihrer Küche.

Lagerzustand Fleisch, das Sie normalerweise einkaufen, ist bereits etwas gelagert. Oft ist das Fleisch aus dem Kleinbetrieb länger gereift, resp. gelagert, als das vom Grossverteiler. Wenig gelagertes Fleisch ist heller und frischer in der Farbe als gelagertes. Verständlich, dass deshalb Fleisch aus der Selbstbedienung noch etwas Lagerung bei Ihnen zu Hause erträgt.

Zwischenlagerung Stellen Sie das Fleisch jetzt für 1 bis 2 Tage an einen kühlen Ort. Ideal ist ein kühler Ort mit etwa 10° C. So kann Ihr Fleisch weiterreifen, was bei diesen Temperaturen schneller erfolgt als im kalten Kühlschrank.

Chambrieren Starten Sie den Garprozess, indem Sie das Fleisch bei Raumtemperatur während einiger Stunden chambrieren. Einen halben Tag vor der Zubereitung stellen Sie das Fleisch in die warme Küche. So kann sich das Fleisch auf sanfte Weise an höhere Temperaturen gewöhnen und wird ohne Druck und Energiekosten im Kern wärmer.

Ziele Beim Garprozess eines mageren Fleischstückes geht es in einem ersten Schritt schliesslich nur darum, im Kern die richtige Temperatur zu erreichen – dann ist das Fleisch gar – und einen möglichst grossen Gegenwert zu erhalten. Je kleiner der Druck, desto kleiner der Gewichtsverlust und desto grösser der Genuss. Und je zarter das Fleisch, desto sanfter der Biss. Die Zartheit des Fleisches wird durch sanfte Temperaturen beim Garprozess sehr positiv beeinflusst, weil die dafür verantwortlichen Enzyme weiter wirken können. Die Beurteilung hängt aber auch von einem tollen Aroma ab. Dies erreichen Sie einerseits mit der Gewürzpaste und andererseits, indem Sie das Fleisch am Schluss anbraten. Und es ist unbestritten, je später Sie das tun, desto mehr Aroma spüren Sie auf dem Teller.

Garverfahren Es gilt, weiter möglichst sanft mit dem Fleisch umzugehen. Deshalb legen Sie jetzt das Fleisch ohne anzubraten auf den Gitterrost im Backofen und stellen diesen dann auf maximal 80° C ein. Das Fleisch kann sich so ohne Druck an die höheren Temperaturen gewöhnen und erwärmt sich im Innern. Das dauert seine Zeit, aber Sie müssen ja nicht daneben stehen.

Stimmt die Backofentemperatur? Wichtig ist, dass Sie Ihren Backofen kennen. Stimmt die Temperaturanzeige? Abweichungen müssen berücksichtigt werden, denn Temperaturen von über 90° C führen nicht zum gewünschten Resultat. Garen Sie mit Umluft oder normaler Ober- und Unterhitze? Ich gehe in meinen Überlegungen von Umluft aus, die

Übertragung der Wärme ist schneller. Wann schaltet Ihr Backofen ein und wann aus? Besonders ältere Öfen haben da eine grosse Differenz, die Sie kennen müssen. Sie brauchen für mein Sanftgaren keinen neuen Backofen zu kaufen, Sie müssen nur den alten kennen und entsprechend handeln!

Im Backofen Überlassen Sie Ihren Schweinsbraten also ruhig sich selbst, bis er im Kern 55° C erreicht hat. Schauen Sie jetzt Ihr Fleisch an, wie es ruhig daliegt. Von Stress ist weit und breit nichts zu spüren, und das ist gut so. Sie sehen es auch an den wenigen Tropfen Saft, die herausgelaufen sind.

Backofentemperatur reduzieren Öffnen Sie jetzt die Backofentür um die Temperatur von 80° C auf 60° C zu reduzieren.

Anbraten Braten Sie erst jetzt den Braten an. Ob Sie dies in der Bratpfanne oder auf dem Grill machen, spielt keine Rolle. Nur der Backofen ist dazu völlig ungeeignet, weil durch die grosse Hitze von allen Seiten zuviel Druck entsteht, was zu einem erhöhten Saftaustritt führt. Wichtig ist, dass Sie den Braten bei moderater Hitze auf allen Seiten anbraten, bis er Farbe bekommen hat.

Nicht zu heiss, dafür überall – so erhält Ihr Braten das tolle Aroma.

Ruhephase Unser Braten hat jetzt durch die grosse Hitze Stress erlebt. Legen Sie ihn deshalb in den Backofen zurück und lassen Sie ihn einige Zeit bei maximal 60°C ruhen. Ich habe dabei die erstaunliche Erfahrung gemacht, dass je länger der Braten ruht, desto zarter wird er. Wenn Sie ihn länger ruhen lassen, reduzieren Sie die Temperatur im Ofen auf 55°C und erhöhen diese 15 Minuten vor dem Aufschneiden nochmals auf 80°C.

Aufschneiden Schneiden Sie das Fleisch erst unmittelbar vor dem Service auf und legen Sie es auf den gut vorgewärmten Teller. Sie haben jetzt aus dem Schweinsbraten eine Delikatesse gemacht – die Zeitschrift «Stern» hat dazu den neuen Begriff «We Wi's-Gabelzart» kreiert!

Sauce Viele Menschen schätzen eine feine Sauce zu einem schönen Stück Fleisch. In einem anderen Kapitel zeige ich Ihnen, wie Sie ohne viel ausgelaufenen Saft trotzdem zu einer einfachen und feinen Sauce kommen. Es ist falsch, ein derart kostbares Fleischstück so schlecht zu behandeln, um mit dem zuviel ausgelaufenen Saft eine mittelmässige Sauce zu produzieren.

Service Kenner wissen, dass feines Fleisch nicht mit einer Sauce zugedeckt werden sollte. Geben Sie einen Saucenspiegel auf den heissen Teller und legen Sie das Fleisch darauf. Zeigen Sie Ihren Gästen den Glanz auf der Schnittfläche des Fleisches.

Dieses Verfahren können Sie auf jedes Rezept, in welchem mageres, zartes Fleisch gegart wird, mit den entsprechenden Temperaturen anwenden.

Schweinsnierstück-Braten nach We Wi

- Schweinefleisch wird oft zu wenig gelagert in den Verkauf gegeben, weshalb Sie die Nachreifung selber machen sollten.
- Schneiden Sie kein Fett am rohen Fleischstück ab, es hat eine wichtige Schutzfunktion.
- Braten Sie es am Schluss nicht nur beidseitig, sondern überall an.
- Das Anbraten hat den Zweck, die Oberfläche des Fleisches zu rösten, resp. zu verbrennen. Dies benötigt nur wenig Zeit.

Vorbereitung

ca. 900 g Schweinsnierstück	abspülen, mit Küchenpapier trocknen auf Knorpelrückstände kontrollieren
Gewürzpaste	Fleisch einreiben, zudecken und in kühlen Raum wenn möglich 2 Tage aufbewahren Reifezustand periodisch kontrollieren, wenn nötig in Kühlraum stellen

Gewürzpaste neutral

50 g Senf	in Schüssel geben
50 g Streuwürze	dazugeben
20 g schwarzer Pfeffer	dazugeben
10 g Majoran	dazugeben
10 g Thymian	dazugeben
10 g Rosmarin	dazugegen
3 Tropfen Tabasco	dazugeben
½ dl Olivenöl	dazugeben
½ dl Wasser	dazugeben und alles gut mischen, es sollte eine zähflüssige Masse entstehen, in ein sauberes und verschliessbares Konfitürenglas abfüllen und im Kühlschrank aufbewahren, bleibt einige Zeit haltbar

Zubereitung

- Fleisch einen halben Tag vorher in die warme Küche stellen.
- Etwa 4 Stunden vor dem Essen roh (**ohne vorher anzubraten**) in den Backofen mit 80° C legen.
- Wenn die Kerntemperatur von 55° C erreicht ist, Fleisch aus dem Backofen nehmen.
- Temperatur des Backofens auf 55 bis 60° C reduzieren. Türe kurz offen lassen.
- Fleisch auf dem Grill oder in der Bratpfanne allseitig anbraten.
- Fleisch in den Backofen zurücklegen. Kann so problemlos 1 bis 2 Stunden aufbewahrt werden.
- Backofen 15 Minuten vor dem Essen auf 80° C erhöhen, damit das Fleisch schön warm ist.
- Fleisch aufschneiden und direkt servieren.
- Teller gut vorwärmen.

Diese Fehler müssen vermieden werden

Das «Sanft-Garen» von Fleisch bringt tolle Resultate, birgt aber auch Fallstricke, die beachtet werden müssen. «Sanft-Garen» heisst, die Ziele beim Fleisch mit möglichst wenig Druck zu erreichen: «Je tiefer die Gartemperatur, desto sanfter und besser für das Fleisch und die Schmackhaftigkeit».

Die grössten Fehler passieren bei den Temperaturen und bei den Garzeiten. Nehmen Sie ein ganzes Poulet. Hier ist der Garprozess unabhängig von der Garzeit dann abgeschlossen, wenn der Saft, welcher aus der Bauchhöhle läuft, klar ist. Wenn der Bratprozess jetzt nicht unverzüglich abgebrochen wird, ist das Poulet zu lange gegart und durch den auslaufenden Saft nur noch kleiner, aber nicht besser geworden. Im Gegenteil, Saft im Fleisch bedeutet ja Genuss. Sie sehen, wie nahe das beieinander ist.

«Sanft-Garen» passiert im Grenzbereich und muss deshalb genau erfolgen, weil jede Reserve sofort zu einem Verlust führt. Wer sich damit befasst, staunt, mit wie wenig er viel erreichen kann. Es gilt, folgende Punkte besonders zu beachten:

- ***Garen nach Gefühl***

Wer sich beim Garen von Fleisch nur auf das Gefühl abstützt, macht einen Blindflug. Die richtige Kerntemperatur kann nur durch einen Kerntemperaturmesser festgestellt werden. Ein solcher Messer sollte nicht nur in keinem Haushalt fehlen, er sollte auch eingesetzt werden. Verlassen Sie sich aber nicht auf die meistens viel zu hohen Temperaturvorschläge. Das Gefühl beim Garen von Fleisch ist ein schlechter Ratgeber.

- ***Backofentemperatur***

Ich erlebe bei meinen Seminaren und Lesungen selten einen Backofen oder Steamer, der die effektive Temperatur genau anzeigt. Abweichungen von über 10° C sind auch in Vierstern-Häusern nicht selten anzutreffen. Bei solchen Abweichungen kann ein optimales Resultat gar nicht erreicht werden.

Es ist deshalb wichtig, dass Sie den Temperaturvergleich IST – SOLL von jeder Wärmequelle kennen. Es genügt, wenn Sie dies beim ersten Mal prüfen, dann erleben Sie keine unliebsamen Überraschungen. Wenn Sie einen Schweinsbraten bei 65° C statt mit 75° C im Backofen haben, passiert nämlich lange gar nichts, ausser dass das rohe Fleisch warm wird!

- ***Ein- und Ausschalttemperatur des Backofens***

Fleisch «Sanft-Garen» ist kein Grund, einen neuen Backofen anzuschaffen. Es geht auch mit den bestehenden Wärmequellen. Je älter ein Backofen, desto grösser ist der Temperaturunterschied zwischen Ein- und Ausschaltung des Backofens. Der Unterschied kann über 20° C betragen und das hat wichtige Folgen für unser Fleisch. Temperaturen über 90° C führen sehr schnell zu Druck und bei Temperaturen unter 70° C ist der Garprozess nur sehr langsam.

Es ist deshalb wichtig, sich hier die Mühe für die entsprechenden Abklärungen zu machen. Nehmen Sie Ihren Temperaturmesser und spiessen Sie damit ein Stück Korken auf und legen sie ihn in den Backofen. So stellen Sie sicher, dass kein Metallkontakt mit der Sonde erfolgt, welcher Ihnen falsche Temperaturen liefert und arbeiten mit den richtigen Temperaturen.

- ***Garzeit falsch bemessen***

«Sanft-Garen» benötigt mehr Zeit. Aber da Sie ja nicht ständig vor dem Backofen sitzen müssen, spielt dies keine Rolle. Zeitangaben sind beim «Sanft-Garen» nicht möglich und auch nicht wichtig, nur die Kerntemperatur spielt für das Resultat eine Rolle. Erst wenn diese erreicht ist, sind wir am Ziel.

Starten Sie aber zeitlich lieber zu früh, damit Sie die nötige Reserve haben. Im Gegenzug verzeiht Ihnen sanft gegartes Fleisch viel. Einen sanft gegarten Schweinsbraten zum Beispiel können Sie nach dem Garen und Anbraten problemlos 1 bis 2 Stunden bei 55° C warm halten. Stellen Sie in diesem Fall die Backofentemperatur 15 Minuten vor dem Essen nochmals auf 80° C, damit das Fleisch schön warm auf den Tisch kommt.

- ***Stau-Feuchtigkeit im Backofen vermeiden***

Wer Sauna macht, kennt die Wirkung der gleichen Temperatur bei unterschiedlicher Feuchtigkeit. Dampf leitet die Wärme sehr schnell und verursacht beim Fleisch sofort Spannungen, die den Druck und damit den Saftaustritt erhöhen. Dazu kommt, dass Dampf einen Siedeprozess auslöst, der besonders beim Schweinefleisch auf der Oberfläche zu einem unliebsamen Aroma führt.

Wenn Sie eine grössere Menge Fleisch im Backofen garen, das zudem mit einer feuchten Marinade umgeben ist, kann schnell eine sehr unerwünschte Staufeuchtigkeit entstehen. Und ist Ihre Backofentüre einmal mit Dampf beschlagen, ist der Schaden bereits da. Öffnen Sie in einem solchen Falle die Backofentür rechtzeitig und reduzieren Sie die Temperatur um 10° C. Noch einfacher ist es, beim Garen grösserer Fleischstücke ein Streichholz in die Backofentüre einzuklemmen. So kann allfällig entstehender Dampf abziehen und keinen Schaden anrichten.

- ***Fleisch nicht ablöschen***

Wenn zartes, kurz zu bratendes Fleisch mit Flüssigkeit in Berührung kommt und auf über 90° C erhitzt wird, wird es hart und muss weichgekocht werden. Dieser Fehler passiert bei Geschnetzeltem sehr oft und die tolle und kostbare Fleischqualität ist ruiniert. Solches Fleisch muss weichgekocht werden und verliert so viel von seinem ursprünglichen Genusspotential.
Kurz gebratenes Fleisch darf in der Sauce nicht mehr kochen, sondern nur noch warm gemacht werden.

- ***Zu grosse Fleischmenge pro Bratgang***

Ins gleiche Kapitel geht die Fleischmenge bei einem Geschnetzelten, die Sie zum Anbraten aufs Mal in die Bratpfanne geben. Ist sie zu gross, tritt ein grosser Temperaturverlust ein, das Fleisch kann so nicht braten, sondern siedet im eigenen Saft. So erhalten Sie statt eines butterzarten Gerichts ein zähes Fleisch, das zuerst weich gekocht werden muss.

- ***Falscher Zeitpunkt von würzen und salzen***

Womit Sie würzen spielt eigentlich keine entscheidende Rolle, Hauptsache, Sie mögen es. Zu welchem Zeitpunkt Sie aber Salz und Streuwürze beigeben, ist jedoch ausserordentlich wichtig, weil Fleisch unmittelbar danach Wasser zieht und hart wird.

Geben Sie also Salz und Streuwürze dem Gericht möglichst erst bei, wenn der Bratprozess abgeschlossen ist. Es zieht sonst sofort Wasser und bewirkt das Gleiche, wie wenn Sie Fleisch «ablöschen».

- ***Die unterschiedlichen Zubereitungsarten***

Jeder Fleischmuskel kann in der Küche aufgewertet werden, vorausgesetzt er wird auf die richtige Art gegart. Ein mageres Fleischstück muss zum Beispiel anders gegart werden als ein mit Fett durchwachsenes. Und Saucengerichte haben wieder andere Gesetzmässigkeiten bei der Zubereitung.

- ***Zu kleine Fleischmenge***

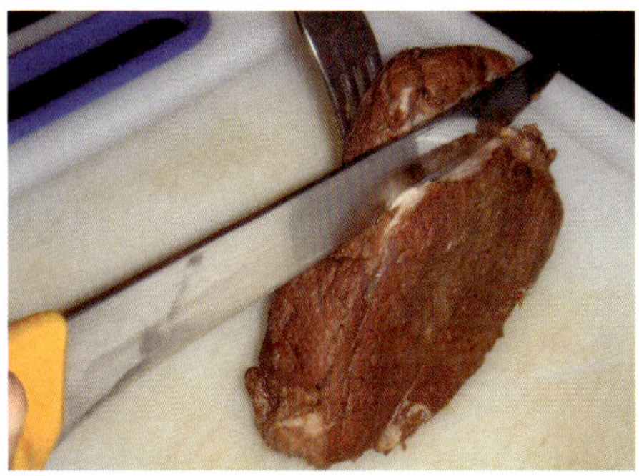

Wer versucht, aus einem 400 g-Fleischstück einen guten Braten zu garen, wird grosse Mühe haben. Kaufen Sie ein grösseres Fleischstück, Saucengerichte können in gegartem Zustand problemlos tiefgekühlt werden.

Achten Sie beim Kauf des Fleischstückes zum Braten oder Sieden darauf, dass es länglich ist und immer quer zur Faser geschnitten werden kann. Bei diesem schlechten Beispiel ist dies nicht möglich und macht keine Freude.

- ***Falsches Fleischstück***

Diesem wichtigen Punkt widme ich folgende Kapitel «Die Wahl der richtigen Fleischstücke».

- ***Tiefkühler***

Der Tiefkühler ist – richtig eingesetzt – ein ideales Hilfsinstrument in der Küche. Der Frischzustand der Produkte ist so optimal, der Warenverlust sehr klein, die Beschaffung günstig und der Aufwand kann dank der gleichzeitig verarbeiteten grösseren Menge viel kleiner gehalten werden.

Ich arbeite viel mit dem Tiefkühler, weil er mir gewisse Dinge stark erleichtert. Deshalb habe ich ihm das Kapitel «Der Weg über den Tiefkühler» gewidmet.

Lachsvorspeise blitzschnell

- Geräucherter Lachs, am besten bereits in Scheiben geschnitten, eignet sich prima als Reserve im Tiefkühler, weil er sehr schnell aufgetaut ist.
- Dieses Gericht kann problemlos vorher zubereitet werden.
- Servieren Sie es bei Zimmertemperatur, es hat so viel mehr Aroma.

Zubereitung

1 Apfel	Kerngehäuse wegschneiden, an der Bircherraffel reiben
2 EL Meerettichcrème aus Tube	sofort dazugeben und mischen
2 EL Mascarpone oder Quark/Sauercrème	dazugeben und mischen
schwarzer Pfeffer, Streuwürze	würzen und mischen
150 g geräucherter Lachs, tiefgekühlt	aus Tiefkühler nehmen, in der Verpackung lauwarm abspülen, auspacken, in schmale Juliennestreifen schneiden, dazugeben und gut mischen

Die Wahl der richtigen Fleischstücke

Das originellste und beste Rezept gelingt dann um so eher, wenn die Auswahl des Muskels stimmt. Was für uns bei einem Schwein zum Beispiel Koteletts, Plätzli, Braten, Ragout usw. sind, hat in der Anatomie mehr als 200 verschiedene lateinische Namen. Die Zuteilung ist von Landesgegend zu Landesgegend recht unterschiedlich und richtet sich auch nach der Nachfrage. Versuchen Sie deshalb, statt «Braten» oder «Siedfleisch» Fleisch mit dem Namen des gewünschten Muskels, in diesem Fall «800 g Schulterfilet vom Rind», einzukaufen.

Die Bedeutung von Fett als Aromaträger und Schutz vor Austrocknung und des Bindegewebes als Schutz vor übermässigem Saftaustritt habe ich an anderer Stelle beschrieben.

Achten Sie beim Einkauf auch darauf, dass Sie beim Ragout nicht Fleisch von verschiedenen Muskeln erhalten. Sie riskieren sonst, dass nicht alle Fleischstücke gleichzeitig gar sind.

Ich verzichte beim Einkauf auf gerolltes Fleisch. Oft sind hier die eher zähen Teile im Innern eingerollt und brauchen eine längere Garzeit als das übrige Fleisch. Das Einbinden erzeugt auch einen Druck aufs Fleisch, welcher beim Garen zu einem erhöhten Saftaustritt führt.

Geben Sie dem Verkäufer ein Echo auf das letztmals eingekaufte Fleischstück und machen Sie ihm auch mal ein Kompliment. So merkt er, dass Ihnen Fleisch nicht Wurst ist und bedient Sie noch aufmerksamer. Fragen Sie ihn auch nach dem Namen des Muskels und merken Sie sich diesen.

- ***Rindfleisch***

Für ein **Siedfleisch** oder einen **Schmorbraten** sind Sie mit einem Stück von der Brust oder vom Schulterspitz besonders gut und preiswert bedient. Wenn Sie ein **zartes Steak** wünschen und Fett (noch) nicht schätzen, kaufen Sie eine Tranche von der Huft. Lieben Sie Fleisch saignant, so kaufen Sie Stücke vom Huftfilet, weil Sie so ein dickeres Fleischstück bekommen. Mögen Sie das Fleisch eher durchgebraten, kaufen Sie ein Stück von der breiten Huft, weil Sie so Fleisch mit einer breiteren Fläche erhalten. Fleischliebhaber kaufen ein Hohrückensteak und wissen, dass hier ein grosses Fettauge ein sehr wichtiges Qualitätsmerkmal ist.

Kaufen Sie **Hackfleisch** nicht vom Stück, weil Sie sonst etwas Zweitklassiges zu einem unnötig hohen Preis erhalten. Fleisch aus der Vitrine ist zum Hacken zu wenig kalt. Deshalb schneidet es sich nicht schön und erwärmt sich beim Bearbeiten in der Hackmaschine um etwa 5° C, was mikrobiologisch schnell bedenklich wird. Schauen Sie besser auf die Farbe des Hackfleisches. Es sollte weder blass noch verfärbt, sondern ein kräftiges Rot haben. Sie können so Ihrem Fleischverkäufer vertrauen, sein vorbereitetes Hackfleisch ist eine gute Lösung für Sie.

- ***Schweinefleisch***

Ein **Schweinskotelett** durchzogen sieht im Schnittbild zweifarbig aus und ist garantiert saftiger als ein ganz mageres vom Nierstück. Bei den **Plätzli** schätze ich solche von der Huft besonders. Ohne dass ich viel Fett einkaufe, erhalte ich zartes und saftiges Fleisch, welches Freude macht. Aus dem gleichen Muskel (Huft) können Sie **Geschnetzeltes** oder einen kleineren Braten machen.

- ***Kalbfleisch***

Bei einem **Braten** von der Dicken Schulter ist es wie bei allen grösseren Fleischstücken wichtig, dass Sie diese quer zur Faser aufschneiden können. Fragen Sie notfalls den Verkäufer. Einen ganz feinen Braten gibt es auch aus dem Rosenstück, wenn der Strang in der Mitte entfernt ist. Bei den **Plätzli** ist das Eckstück der Renner. Machen Sie aber einmal einen Versuch mit einem Huftplätzli.

Mein liebstes Fleisch vom Kalb ist die **Brust**. Kaufen Sie eine möglichst fette Kalbsbrust ohne Knochen (bei der Bestellung genau so verlangen) und garen Sie diese im Backofen bei wenig über 116° C während ca. 3½ Stunden ganz langsam. Das auslaufende Fett wird im Bratgeschirr aufgefangen, was übrig bleibt, ist Genuss pur.

- ***Lammfleisch***

Wichtig ist hier, dass das Fleisch von einem jungen Tier stammt. Je älter das Tier, desto ausgeprägter das Fettaroma. Für einen kleinen Haushalt ist die Huft ideal. Wenn Sie einen **Lamm-Gigot** garen, so sollte dieser ausgebeint, aber nicht gerollt sein. Lassen Sie sich vom Verkäufer den Lamm-Gigot ausbeinen und dem Bindegewebe nach in zwei grosse Stücke unterteilen. Diese lassen sich sehr gleichmässig «Sanft-Garen».

- ***Kaninchen***

Die Zeit, als ein Kaninchen mit dem Beil zerlegt wurde und alles zusammen im gleichen Kochtopf landete, ist vorbei. Sie können heute jedes Teil extra einkaufen und sollten davon profitieren. Machen Sie ein **Kaninchenragout** nur aus der Schulter. Sie erhalten ein traumhaftes und erst noch günstiges Gericht. Bei den **Rückenstücken ohne Knochen** ist es wichtig, dass Sie diese nur ganz kurz garen. Sie sind klein und ungeschützt und werden bei zuviel Hitze schnell trocken.

- ***Geflügel***

Geflügelfleisch haftet der Ruf an, hygienisch bedenklich zu sein. Dies ist so nicht richtig. Das Hygieneproblem liegt beim rohen Geflügelsaft und somit nur an der Aussenseite des Fleisches. Im Innern ist gesundes Fleisch bekanntlich – und nur solches kommt auf den Markt – immer keimfrei. Ein **ganzes Poulet** ist deshalb viel problematischer als in **Teile** zerlegtes Geflügel. Beim ganzen Poulet gehört die Bauchhöhle zur Aussenseite und benötigt deshalb die entsprechende Hitze von über 63° C, damit die Bakterien abgetötet werden. Ein ganzes Poulet ist dann gar, wenn der Saft aus der Bauchhöhle klar ist. Aber Achtung, ab genau diesem Zeitpunkt verliert es nur noch an Gewicht und somit an Genuss und wird nur noch schlechter.

Jedes Geflügel hat zwei ganz unterschiedliche Fleischsorten. Die **Brust** gilt als weisses Fleisch und ist ganz fein und wird schnell trocken. Achten Sie bei diesem Fleischstück ganz besonders auf den richtigen Garpunkt. Schon ein wenig zuviel führt zu einer markanten Genussreduktion. **Flügel** und die **Schenkel** sind rotes Fleisch, welches kräftiger und saftiger ist. Die Nachfrage nach weissem Brustfleisch ist bei Poulet und Truten wesentlich grösser als nach rotem Schenkelfleisch, was sich natürlich auch auf den Preis auswirkt. Rotes Fleisch ist deshalb wesentlich günstiger. Für mich aber ist das Fleisch eines ausgebeinten Pouletschenkels auf dem Grill ein Leckerbissen.

Bio-Geflügel ist bei der Schlachtung wesentlich älter als Mastgeflügel. Ein älteres Tier hat eine längere Gardauer, das gilt auch beim Geflügel.

Kaninchenragout

- Das feine Kaninchenfleisch will besonders sanft behandelt werden.
- Sie können anstelle der Schultern auch Schenkel ohne Knochen nehmen.
- Anstelle der Speckwürfel genügt auch ein kleines Stück geräucherte Speckschwarte. Speck entwickelt beim Kochen ein sehr intensives Aroma, deshalb sollte er erst am Schluss wieder beigegeben werden.

Zubereitung

50 g Speckwürfel	im Bräter glasig braten und herausnehmen
8 Kaninchenschultern mit Bein	abspülen und mit Küchenpapier trocknen, Fettteile wenn nötig entfernen, Schultern halbieren
Fettteile	darin glasig braten
1 mittlere Zwiebel	fein schneiden und andünsten
2 Knoblauchzehen	fein schneiden und andünsten
400 g Pelati (eine Dose)	dazugeben
1 Bouillonwürfel	dazugeben und auflösen
2 EL Herbes de Provence	dazugeben
Kaninchenschultern	dazugeben
1 TL Paprika	dazugeben
schwarzer Pfeffer, Salz und Streuwürze	abschmecken
2 dl Rotwein	dazugeben und bei kleinster Temperatur (85°C) während ca. 1 Stunden weich garen, Kaninchenschultern herausnehmen
Maizena Express	gewünschte Konsistenz der Sauce herstellen
Speckwürfel	wieder dazugeben
Kaninchenschultern	wieder dazugeben und servieren

Kaninchen-Rückenfilet-Vorspeise

Dieses nur gut fingerdicke Fleisch ist extrem zart und verlangt nach einer kurzen und schonenden Gardauer.

Zubereitung

4 Kaninchen-Rückenfilets ohne Knochen	abspülen, mit Küchenpapier trocknen
1 TL milder Senf	Fleisch einstreichen und roh bei 80° C für 20 Minuten in den Backofen stellen
2 EL Bratbutter	in Bratpfanne zergehen lassen
1 Knoblauchzehe	durch die Knoblauchpresse geben und dazugeben
Schale einer ½ Zitrone	abreiben, dazugeben und 5 Minuten auf kleinster Hitze dünsten lassen
20 g Butter	dazugeben und zergehen lassen
2 EL Essig Balsamico	dazugeben und gut mischen
schwarzer Pfeffer und Streuwürze	abschmecken
Kaninchen-Rückenfilets	aus Backofen nehmen in Sauce geben, darin wenden und 2 Minuten ziehen lassen, Rückenfilets schuppenartig aufschneiden und anrichten, Sauce über das lauwarme Fleisch geben und servieren

«Sanft-Garen» ist überall möglich

Ausreden zu suchen, wieso «Sanft-Garen» nicht möglich sei, führt nicht weiter. Wer will, findet eine Lösung. Dazu braucht es weder einen neuen Backofen noch einen Kombisteamer. Je tiefer die Gartemperatur, desto besser wird das Resultat. Die Kerntemperatur in einem Stück Fleisch habe ich mangels anderer Lösungen auch schon in einem Tellerwärmer eines Restaurants erreicht!

Oder in Äthiopien, als ich für über 40 Personen des einheimischen Kaders des Hilfswerks «Sport the Bridge» ein Festmenü kochte, hat man mir aus Wellblech einen «Ofen» gebastelt. Es funktionierte wie zu Hause. So wurde aus einem ungelagerten Lamm-Gigot mit viel Fett und Anhang ein superzartes Fleisch, wie ich es mir in der Schweiz vorstelle.

Der Werdegang vom Tier zur Delikatesse: Das ganze Lamm vom Markt gekauft, zugeschnitten, mariniert, im improvisierten Spezialbackofen mit der exakt richtigen und scharf kontrollierten Temperatur gegart, natürlich erst am Schluss angebraten und dann genossen.

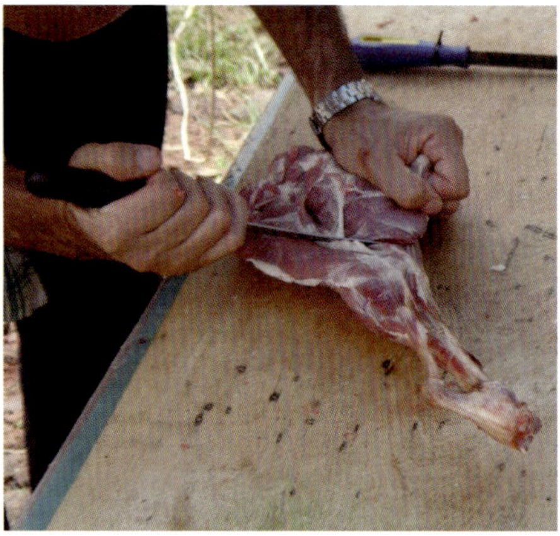

Das will ich ausprobieren

Datum

Teil 5
Die grossen Unterschiede beim Fleisch-Garen

Es ist wichtig, die Bearbeitung und die Zubereitung von Fleisch in folgende Gruppen zu unterteilen:

Mageres, zartes Fleisch in Bratenform

Schweinsnierstück-Braten, Kalbsbraten, Huft
Das Ziel ist einfach. Es gilt, die für den Genuss richtige Kerntemperatur zu erreichen und auf der Oberfläche für ein gutes Aroma zu sorgen. Dies alles unter äusserst sanften Bedingungen, damit möglichst wenig Wasser ausläuft.

Mageres, zartes Fleisch in kleinen Stücken

Steaks, Lammnierstücke, dicke Koteletts, Geschnetzeltes
Das Ziel ist gleich wie bei der ersten Gruppe, wird aber erschwert durch den viel schnelleren Ablauf.

Mit Fett durchwachsenes Fleisch in grossen Stücken zum trocken Braten

Kalbsbrust, Schweinshals
Das Ziel ist ebenfalls gleich wie bei der ersten Gruppe. Allerdings muss die Umgebungstemperatur über 116°C liegen, damit das Fett ausläuft und die Grieben entstehen.

Fleisch vom Vorderviertel, das in Flüssigkeit weichgegart wird

Siedfleisch, Schmorbraten, Ragout, Kalbshaxe
Ziel ist es, das Bindegewebe unter möglichst sanften Voraussetzungen zu gelieren, damit der Saft im Fleisch bleibt und es sanft im Biss ist.

Mageres, zartes Fleisch in Bratenform

Schweinsnierstück-Braten, Kalbsbraten, Huft

Das Ziel ist hier einfach: Es gilt die für den Genuss richtige Kerntemperatur zu erreichen und auf der Oberfläche für ein gutes Aroma zu sorgen. Dies alles unter äusserst sanften Bedingungen, damit möglichst wenig Wasser ausläuft.

Bisher haben Sie einen Braten zu Beginn kräftig angebraten und dann bei mehr oder weniger hohen Temperaturen weichgegart. Es gilt jetzt, sich von diesen vertrauten Abläufen zu lösen. Aber das lohnt sich, denn Sie werden «ein neues Fleisch» erleben. Dieses neue Verfahren funktioniert bestens und Sie können es auf jedes bestehende Rezept übertragen.

Was Sie benötigen

- Kerntemperaturmesser
- Backofen oder Umluftofen
- Bratpfanne und hitzebeständigen Fettstoff
- Eine längere Kochzeit

Was ist beim «Sanft-Garen» neu?

- Wir arbeiten mit niedrigen Temperaturen und schonen so das Fleisch (etwa zwei Drittel Gewichtsverlust weniger)
- Wir garen nicht mit Gefühl, sondern mit klaren Temperaturschritten

Das sind Ihre zwölf Schritte zum Genuss

1. **Kaufen** Sie Ihr Fleischstück (es darf aussen ruhig durch eine feine Fettschicht geschützt sein, sollte aber nicht durchzogen sein) **1 bis 3 Tage vor der Zubereitung**.
2. Packen Sie das Fleisch zu Hause nach dem Einkaufen aus, waschen Sie es mit kaltem Wasser ab, trocknen Sie es mit Küchenpapier, kontrollieren Sie es auf Knorpelreste und reiben Sie es mit einer Gewürzpaste so ein, dass es rundherum geschützt ist. Es ist wichtig, dass Ihre Gewürzpaste einen **Senf**bestandteil enthält.
3. **Decken** Sie das Fleisch mit einer Folie ab und stellen Sie es in den Kühlschrank.

4. Nehmen Sie das Fleischstück etwa **2 bis 3 Stunden vor** der Zubereitung aus dem Kühlschrank.
5. Stellen Sie Ihren **Backofen auf 80° C** ein und **kontrollieren** Sie die Temperatur im Ofen das erste Mal mit dem Kerntemperaturmesser.
6. Legen Sie das Fleischstück **ohne anzubraten** auf den Rost im Backofen und **stecken** Sie den **Kerntemperaturmesser** in die Mitte des Fleischstückes.
7. Lassen Sie das Fleischstück im Backofen, bis es die richtige **Kerntemperatur** (z.B. Schweinsbraten 55° C) erreicht hat.
8. Öffnen Sie jetzt den Backofen und **reduzieren** Sie die Temperatur auf maximal 60° C.
9. **Braten** Sie nun das Fleisch in der Bratpfanne oder auf dem Grill (nicht im Backofen) rundherum so an, dass es eine schöne Farbe hat.
10. Legen Sie das Fleischstück **wieder in den Backofen** bei 55 bis 60° C. (problemlos während 1 bis 2 Stunden).
11. Machen Sie die gewünschte **Sauce extra**.
12. **Schneiden** Sie das Fleisch in nicht zu dicke Scheiben auf und servieren Sie diese auf **vorgewärmten** Tellern.

Saftverlust: 3 Tropfen nach 2½ Stunden im Backofen.

Die ungefähre Gardauer im Backofen

- Rechnen Sie im Backofen (80° C) bei einem Kilogramm Fleisch mit einer Zunahme der Kerntemperatur pro Grad Celsius von etwa 3 Minuten. Die Differenz zwischen chambrierten Fleisch (Kerntemperatur 18° C) und Zieltemperatur (55° C) beträgt 37° C x 3 Minuten = 111 Minuten.

Wichtig

- Mit dem Anbraten am Schluss sorgen wir für Farbe und Geschmack.
- Wenn Sie das fertig gegarte Bratenstück längere Zeit im Backofen lassen, reduzieren Sie die Backofentemperatur auf 55° C. 15 Minuten vor dem Servieren erhöhen Sie nochmals auf 80° C, damit das Fleisch schön warm auf den Teller kommt.
- Das Fleisch sollte erst unmittelbar vor dem Service aufgeschnitten werden.
- Grundsätzlich auf warmen Tellern servieren.
- Kenner vermeiden es, das schöne Fleisch mit Sauce zuzudecken, sondern servieren dieses daneben oder auf dem Saucenspiegel.

*Vorschlag Kerntemperaturen**

	Rind Lamm	Kalb Stotzen	Schwein Kalb Schulter Hals
bei 80° C im Backofen bis	52° C	49° C	55° C
anschliessend in der **Bratpfanne** heiss anbraten bis	57° C	54° C	59° C
anschliessend bei 60 bis 65° C im Backofen mindestens 5 Minuten ruhen lassen	61° C	58° C	63° C

* Temperatur in der Mitte des Fleischstückes

Kalbshalsbraten mit frischem Rosmarin

- Kaufen Sie den Kalbshalsbraten nicht zu klein. Er mundet auch in kaltem Zustand herrlich.
- Der Kalbshals ist ein kräftiges, eher unförmiges und dafür günstiges Muskelstück. Er wird heute leider oft «gerollt» angeboten. Dadurch entsteht beim Garen Druck, der sich unvorteilhaft auf das Ergebnis auswirkt.
- Garen Sie auch diesen Braten nach der Kerntemperatur und nicht nach Zeit.
- Kalbfleisch ist sehr fein in der Struktur und im Aroma. Komponieren Sie die Beilagen und den Wein entsprechend dazu.
- Schneiden Sie vom Braten nur soviel auf, wie Sie servieren und wie gegessen wird. Allfällige Bratenreste können Sie bestens kalt aufschneiden; sie ergeben so eine weitere Delikatesse.

Zubereitung

800 g Kalbshals ungerollt	etwa 2 Stunden vor der Zubereitung aus dem Kühlschrank nehmen, abspülen und mit Küchenpapier trocknen, auf Knorpelrückstände überprüfen
schwarzer Pfeffer, Paprika, Streuwürze	würzen
frischer Rosmarin	zerquetschen und übers Fleisch geben
1 EL Olivenöl	gewürztes Fleisch einstreichen

- **Fleisch roh und ohne anzubraten** in den Backofen bei 80°C geben bis die Kerntemperatur von 55°C erreicht ist (rechnen Sie mit 2 bis 2½ Stunden).
- Braten Sie erst jetzt das Fleisch in der Bratpfanne rundherum an.
- Reduzieren Sie die Backofentemperatur auf 55 bis 60°C (öffnen sie dazu die Backofentür etwas).
- Sie können den Braten so problemlos 1 Stunde ruhen lassen.
- Machen Sie mit dem restlichen Rosmarin eine feine Rahmsauce.

Apropos Anbraten

«Fleisch heiss anbraten, um die Poren zu schliessen» – von dieser Behauptung müssen Sie sich jetzt verabschieden, wenn Ihnen Genuss wichtig ist.

Das Anbraten von Fleisch macht eigentlich nur dann einen Sinn, wenn an der Oberfläche etwas Fett oder Bindegewebe vorhanden ist, welches geröstet werden kann. Achten Sie beim Einkauf eines Bratens darauf und verlangen Sie nicht blank dressiertes Fleisch.

Fleisch ohne Fett- und Bindegewebeschutz auf der Aussenseite sollte garnicht angebraten werden, weil sonst durch die Hitze und die entsprechende Verdunstung der Feuchtigkeit eine neue, zähe Haut gebildet wird, die nichts mit Genuss zu tun hat.

Das Anbraten des Fleisches muss in der Bratpfanne oder auf dem Grill erfolgen. Der Backofen oder der geschlossene Grill ist dazu ungeeignet, weil die Umgebungstemperatur viel zu hoch ist und so zu grosser Druck entsteht.

Je später das Anbraten erfolgt, desto besser bleibt das Röstaroma erhalten. Unter «Garen von magerem Fleisch in Bratenform» braten wir Fleisch am Ende des Garprozesses an, was grosse Vorteile bietet. Und im Abschnitt «Geschnetzeltes» stelle ich die Frage, ob Fleisch anbraten immer einen Sinn macht.

Mit einem kleinen Feuer lässt sich die Oberfläche viel einfacher rösten.

Fleisch vom Grill

Wenn die Oberfläche des Fleisches geröstet wird, schmeckt das Fleischstück besonders gut ... vorausgesetzt, das Drumherum stimmt, und darum geht es doch beim Grillieren in erster Linie. Damit aber Hochgenuss entsteht, muss die nötige Kerntemperatur möglichst sanft erreicht werden.

Die Voraussetzung für Ihren Grill-Erfolg

Haben Sie sich beim Grillieren nicht auch schon über einige Dinge gewundert? Warum platzt zum Beispiel eine Kalbsbratwurst, die direkt aus dem kalten Kühlschrank auf den Grill gelegt wird viel schneller, als eine, die zuerst im heissen Wasser temperiert wurde?

Oder wieso hat eine Saucisson, die etwas zu stark erhitzt worden ist, einen grösseren Gewichtsverlust, als eine solche, die maximal 78° C erlebt hat?

Die Antwort ist jeweils die gleiche: Spannung, resp. Druck verursacht Gegendruck. Bei der Bratwurst hält der zarte Darm den Druck nicht aus und bei der Saucisson läuft deswegen das Wasser heraus.

Je fetter das Fleisch – desto mehr Aroma auf dem Teller

Grill-Experten schätzen mit Fett durchwachsenes Fleisch. Fett schützt nicht nur das Fleisch, sondern gibt jedem Produkt sein natürliches Aroma. Wer gut mit solchem Fleisch umgeht, erhält einen tollen Leckerbissen.

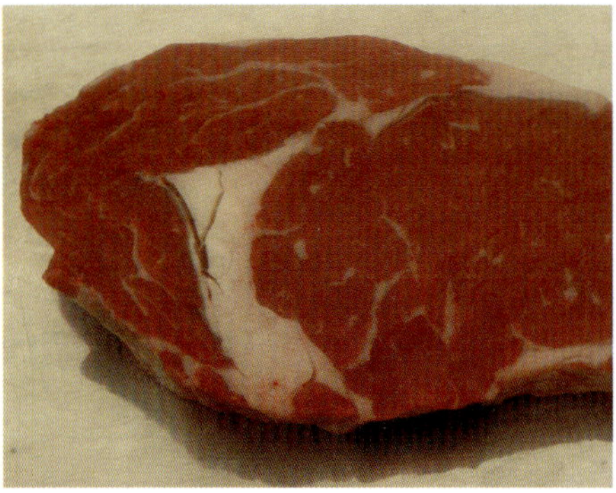

Das Fettauge beim Hohrücken ist das beste Zeichen für Qualität. Rechts ein Kobe-Beef aus Japan: Fett als Qualitätsfaktor in extremis.

Tierisches Fett besteht aus etwa 85% Fett, 10% Wasser und 5% Bindegewebe. Das Wasser verdunstet, das Fett läuft weg und die übrig gebliebenen Grieben, so heisst das Bindegewebe verständlicher, sorgen für einen Biss und ein Aroma, welche durch eine Sauce höchstens noch unterstützt, nicht aber ersetzt werden kann. Dieser Prozess findet erst ab einer Brattemperatur von mehr als 116°C statt, viel mehr ist aber nicht gut. Und dann heisst es nur noch: gut Ding will Weile haben.

Diese Punkte sind bei der Behandlung besonders wichtig

- Achten Sie beim Einkauf Ihres Grillfleisches darauf, dass das Fleisch nicht «blank zugeschnitten», sondern etwas Bindegewebe (feine Häutchen) oder Fett hat. So bleibt Ihr Fleisch geschützt und das Aroma ist viel besser.
- Kaufen Sie Ihr Fleischstück nicht erst am Tag der Zubereitung, sondern einige Tage vorher.
- Nehmen Sie das Fleisch aus der Packung, spülen es mit kaltem Wasser ab, entfernen allfällige Knorpelrückstände und bestreichen es mit einer säurehaltigen (Senf) Gewürzpaste. Sie verlängern so die Haltbarkeit.
- Nehmen Sie das Fleisch mindestens einen halben Tag vor der Zubereitung aus dem Kühlschrank zum Temperieren.
- Garen Sie besonders magere Fleischstücke sehr sanft (im Backofen bei 80°C) bis auf die gewünschte Kerntemperatur (z.B. 55°C).
- Legen Sie Fleisch immer erst am Schluss auf den Grill und braten Sie es allseitig gut an. Dazu braucht es nicht immer eine wahnsinnig heisse Holzkohle. Die Toskaner zum Beispiel braten mit tiefen Temperatur und einer halben Flamme an.
- Sorgen Sie mit einigen getrockneten Rosmarinnadeln für das spezielle Röstaroma.
- So gegartes Fleisch können Sie bei etwa 60°C problemlos einige Zeit vor dem Essen ruhen lassen.

Der Grill

Ob Gas, Elektrizität, Holzkohle oder Holz, diese Frage ist für viele Grilleure beinahe eine Glaubensfrage. Unbestritten, Gas und Strom sind einfach zu bedienen und verursachen beim Nachbarn normalerweise keine Reaktion. Wer aber die Umtriebe nicht scheut, der erhält mit Holzkohle oder sogar mit Holz das noch bessere Resultat.

In Argentinien: 120 cm ab Boden hat es die richtige Temperatur auf dem Grill.

In vielen Grillanleitungen steht geschrieben, wie wichtig eine grosse und möglichst starke Glut und wie schädlich eine offene Flamme für unsere Gesundheit ist.

Dem kann ich weder folgen noch zustimmen. Nach meinen Erkenntnissen grillieren wir mit viel zu hohen Temperaturen. Messungen haben ergeben, dass dabei Temperaturen von über 300° C zustande kommen, welche im Fleisch extreme Spannung aufbauen. Die Folge davon, der Saft läuft weg und fehlt dann auf dem Teller.

In Südamerika, dem Land der Asados, käme dies keinem in den Sinn. Der Grill steht dort auf hohen Beinen, das Feuer ist am Boden. Durch den Abstand von rund 120 cm vom Feuer verringert sich die Temperatur und das Fleisch wird weniger gequält.

Bei meinen vielen Reisen sehe ich immer wieder, wie Fleisch sogar auf einer halboffenen Flamme grilliert wird … und so wunderbar schmeckt. Kein riesiges Feuer mit einer unglaublichen Hitze, sondern leise züngelnde Flammen sorgen dafür, dass die Oberfläche ein tolles Aroma erhält. Hinterfragt man diese Technik, so findet man die Lösung schnell. Bindegewebe und Fett werden durch die halboffene Flamme viel schneller und besser geröstet als mit einer brutalen Hitze und der Druck auf das Fleisch bleibt kleiner.

Es lohnt sich, den ersten Teil einer Grillade wenn immer möglich in den Backofen zu verlegen (siehe «Vorschlag Kerntemperaturen»). Der Garprozess erfolgt so möglichst langsam und kontrolliert bei moderaten Temperaturen. Den Grill nutze ich nur, um die Oberfläche zu rösten. Je kürzere Zeit und je weniger Hitze dies benötigt, desto besser fällt das Resultat aus. Normalerweise dauert der Grillprozess bei einem Lamm-Gigot oder einem Schweinsbraten weniger als 10 Minuten, sodass sogar ein Holzfeuer genügt.

Das will ich ausprobieren

Datum

Mageres, zartes Fleisch in kleinen Stücken

Darunter verstehe ich einerseits Steaks jeder Tiergattung, Lammnierstücke, Entenbrust, T-Bone-Steaks, Côte de Boeuf, aber andererseits auch die Zubereitung von Geschnetzeltem. Dazu finden Sie in diesem Abschnitt detaillierte Ausführungen. Ebenfalls einen besonderen Abschnitt widme ich den Rindssteaks aller Art, wo es besonders um den von nicht allen Geniessern geschätzten roten Fleischsaft geht, der beim Essen in den Teller läuft.

Das Ziel ist hier gleich wie bei der ersten Gruppe, es gilt, die für den Genuss richtige Kerntemperatur zu erreichen und auf der Oberfläche für ein gutes Aroma zu sorgen. Und dies alles unter äusserst sanften Bedingungen, damit möglichst wenig Wasser ausläuft. Erschwerend ist dabei aber der viel schnellere Ablauf.

Zubereitung Steaks

Ein Steak ist eine dicke Fleischscheibe aus einem zarten Muskel zum à-la-minute braten. Anstatt den Garprozess mit dem Anbraten zu starten, wird das Fleisch zuerst chambriert. Es wird so noch zarter, erleidet beim anschliessenden Braten einen wesentlich kleineren Gewichtsverlust und kommt wunderbar saftig auf den Teller.

Das Prinzip

Die umgekehrte Reihenfolge führt auch hier zu einem tollen Resultat. Je grösser das Steak oder das Fleischstück, desto einfacher ist es zu erreichen. Und weil ein Geschnetzeltes aus vielen kleinen Fleischteilen besteht, ist es hier am schwierigsten. Jedes Fleischstück sollte nicht über die auf Seite 87 angegebene Kerntemperatur erhitzt werden und darf nicht mit Flüssigkeit in Berührung kommen.

Schweinssteak mit Peperonata-Gemüse

- Achten Sie beim Fleischeinkauf darauf, dass die Steaks gleichmässig und nicht zu dünn geschnitten sind.
- Ideale Fleischstücke sind: die Schweinshuft oder das Karree vom Kotelettstück (Sie erkennen es an der Zweifarbigkeit des Schnittbildes).
- Garen Sie jedes Gemüse getrennt und mischen Sie es anschliessend. So gelingt es, die Knackigkeit zu erhalten.

Vorbereitung

4 x 200 g Schweinssteak	abspülen, trocknen
Gewürzpaste	Fleisch einreiben und zudecken, wenn möglich im Kühlschrank 2 Tage aufbewahren

Zubereitung

- Fleisch einen halben Tag vorher aus dem Kühlschrank nehmen.
- 40 Minuten vor dem Essen während 30 Minuten roh in den Backofen bei 80° C geben.
- 6 Minuten vor dem Essen beidseitig kurz anbraten.
- 2 Minuten an der Wärme stehen lassen.

Beilage

1 Peperoni	fein schneiden und knackig dünsten
1 Zucchetti	fein schneiden und knackig dünsten
1 Zwiebel	fein schneiden und knackig dünsten
1 Knoblauchzehe	fein schneiden und dünsten
½ Bouillonwürfel	in ganz wenig Wasser auflösen und dazugeben
1 EL Herbes de Provence	dazugeben
schwarzer Pfeffer, Streuwürze	abschmecken
1 Prise Chilipulver	dazugeben
	gut mischen
	kurz erwärmen und servieren

Lamm-Nierstück mit Auberginen-Gemüse

Die Methode der kalorienreduzierten Auberginen-Zubereitung hat mich in Asien fasziniert.

Vorbereitung

2 Lamm-Nierstücke	abspülen, trocknen
Gewürzpaste	Fleisch einreiben und zudecken, im Kühlschrank 2 Tage lagern

Zubereitung

Lamm-Nierstücke	einen halben Tag vorher aus dem Kühlschrank nehmen, 40 Minuten vor dem Essen während 30 Minuten roh in den Backofen bei 80° C geben, 6 Minuten vor dem Essen beidseitig kurz anbraten, 3 Minuten im Ofen bei 60° C ruhen lassen
2 Auberginen	längs in 1 cm dicke Scheiben schneiden, mit grobem Salz einreiben und 10 Minuten ruhen lassen, dann mit kaltem Wasser abwaschen, in wenig Öl beidseitig braten und warm stellen
1 EL Öl	in Pfanne geben
2 Knoblauchzehen	fein schneiden und dünsten
4 Schalotten	fein schneiden und dünsten
10 schwarze Oliven	entsteinen, halbieren und dünsten
150 g getrocknete Tomaten	in wenig lauwarmem Wasser einweichen, klein schneiden und andünsten
50 g Kurkuma	fein reiben und dünsten
½ grüne Peperoni	fein schneiden und dünsten
schwarzer Pfeffer, Streuwürze	abschmecken
1 Prise Chilipulver	dazugeben
	fein geschnittenes Gemüse auf die warmen Auberginenscheiben geben, Lamm-Nierstücke aufschneiden und servieren

Das Geschnetzelte

Immer wieder staune ich, wie viel Geld Leute für kostbares Fleisch ausgeben und wie schlecht sie anschliessend bei der Zubereitung des Geschnetzelten damit umgehen. Der Hauptfehler kann sehr schnell eintreten: Sobald Fleisch mit irgendeiner Flüssigkeit in Berührung kommt – das kann auch auslaufender Saft sein – muss es weichgekocht werden. Wer aber ein klassisches Saucengeschnetzeltes herstellen will, könnte beim Metzger auch Ragout durch die Schnetzelmaschine treiben lassen und so viel Geld sparen!

Wer die Problematik «Spannung erzeugt Druck» und «Druck erzeugt Gegendruck» beim Geschnetzelten richtig hinterfragt, der kommt vielleicht zu einer überraschenden Lösung, die ich unter «Geschnetzeltes butterzart» beschreibe.

Beim Geschnetzelten kann man vier Zubereitungsarten unterscheiden:

1. Zubereitung traditionell: Geschnetzeltes gekocht

Das Fleisch wird angebraten, mit Flüssigkeit abgelöscht und muss anschliessend weichgekocht werden. Verlangen Sie beim Einkauf Ragout und lassen Sie es durch die Schnetzelmaschine geben. Sie sparen so recht viel Geld und erhalten ein normales, akzeptables Geschnetzeltes.

2. Zubereitung klassisch: Geschnetzeltes à la minute

Für dieses Gericht benötigen Sie zartes, geschnetzeltes Fleisch vom Hinterviertel, wie es in Metzgereien normalerweise angeboten wird. Die geschnetzelten Fleischstücke sind recht klein. Für den Erfolg gelten aber die gleichen Kriterien wie bei einem grossen Fleischstück. Deshalb muss alles sehr schnell gehen.

Wer einem der zwölf wichtigen Punkte unter «Klassisches Geschnetzeltes à la minute» zu wenig Beachtung schenkt, erhält die Quittung durch ein mittelmässiges Endergebnis sehr schnell.

- Sie benötigen eine Bratpfanne, die viel Hitze erträgt
- Einen Fettstoff, der hoch erhitzt werden darf. Butter verbrennt schnell, verwenden Sie Bratbutter oder ein Öl.
- Nehmen Sie das Fleisch möglichst eine Stunde vor der Zubereitung aus dem Kühlschrank. Es nimmt so etwas Wärme auf.

- Stellen Sie die Herd-Temperatur auf die höchstmögliche Stufe.
- Geben Sie nur kleine Portionen (150 g) pro Mal in die heisse Bratpfanne. Vermeiden Sie, dass es zischt – das ist das Zeichen, dass das Fleisch Wasser zieht und hart wird.
- Lassen Sie das Fleisch jetzt 1½ Minuten ruhig braten.
- Wenden Sie das Fleisch einmal und gezielt, am Besten mit einem Spachtel und lassen es eine weitere Minute braten.
- Nehmen Sie es jetzt aus der Pfanne und stellen das Fleisch in den 60° C warmen Backofen.
- Würzen Sie das Fleisch erst nach dem Wenden.
- Geben Sie Salz oder Streuwürze erst ganz am Schluss dazu, weil es sonst sofort und unerwünscht Wasser zieht.
- Machen Sie die gewünschte Sauce wenn möglich bereits vorher.
- Erhitzen Sie die Sauce nochmals und geben Sie das Fleisch jetzt dazu. Es darf unter keinen Umständen mehr kochen, sonst wird das Fleisch hart und muss weichgekocht werden.

3. Zubereitung raffiniert: Geschnetzeltes vom Plätzli

Kaufen Sie das Fleisch in Form von mageren Plätzli. Würzen und braten Sie diese ganz und beidseitig in der Bratpfanne. Nehmen Sie sie heraus, bevor sie ganz durchgebraten sind und schneiden Sie sie erst jetzt in Streifen. Geben Sie das Fleisch in die bereits fertige, heisse Sauce und lassen diese

Mager und zart – hier hat es gar nichts zum Anbraten.

3 Minuten ziehen. Das Gericht darf nicht mehr kochen. Das Ergebnis wird Sie verblüffen. Dieses Verfahren eignet sich besonders bei der Zubereitung von tiefgekühlten Plätzli oder solchen, die mit Fett durchzogen sind. Da der Verderb von Geschnetzeltem der grossen Oberfläche wegen recht schnell erfolgt, eignet sich dieses Verfahren auch sehr gut, wenn Sie den Einkauf des Fleisches für Geschnetzeltes 2 bis 3 Tage vorher machen müssen.

4. Zubereitung NEU: Geschnetzeltes butterzart

Machen Sie zuerst die Sauce – z.B. Curry- oder Rahmsauce – fertig. Die gewünschte Konsistenz muss da sein, weil Sie nachher nichts mehr ändern können. Bringen Sie die fertige Sauce nochmals knapp zum Kochen und nehmen sie dann kurz von der Herdplatte. Geben Sie das zarte, magere und von Hand geschnetzelte Fleisch ohne anzubraten in die heisse Sauce und rühren sie sanft. Geben Sie jetzt die Pfanne während etwa 4 Minuten immer wieder kurz auf die heisse Herdplatte (ideal bei 75 bis 85° C, siehe Bilder), es darf nicht mehr kochen. Sie sehen jetzt, wie das Fleisch zuerst an den Rändern die Farbe wechselt und weiss wird. Dieser Prozess dauert nur ganz kurz und hängt von der Saucentemperatur ab. Das Gericht ist jetzt fertig. Sie werden erstaunt sein, wie zart ein solches Geschnetzeltes ist.

Ohne anbraten ab in die fertige Sauce mit der richtigen Temperatur.

Ein bisschen verrückt? Ich glaube nicht. Das Fleisch aller Tierarten für Geschnetzeltes à la minute ist auf der Oberfläche ganz mager und es hat nichts mehr, mit dem beim Anbraten ein Röstaroma geschaffen werden kann. Fleisch wird beim Anbraten nur noch gequält, und dies verhindern Sie mit diesem System.

Pouletbrüstli mit Provençale-Rahmsauce

Schneiden Sie tiefgekühlte Pouletbrüstli in angetautem Zustand in Würfel.

Zubereitung

4 Pouletbrüstli	in etwa 1 cm grosse Würfel schneiden
1 Ei	aufschlagen
1 TL Parmesan	dazugeben
½ TL Maizena Express	dazugeben und vermengen
Streuwürze, schwarzer Pfeffer	abschmecken
	Fleisch dazugeben und ruhen lassen, in der Bratpfanne wie eine Omelette knapp golden backen (Menge halbieren), im Backofen bei 70° C etwa 15 Minuten ruhen lassen

Sauce

1 EL Olivenöl	in Pfanne geben
3 Knoblauchzehen	durch die Presse dazugeben
2 EL getrocknete Tomaten	hacken und andünsten
1 TL Trockenbouillon	dazugeben
1 EL Thymian getrocknet	dazugeben
1 EL Herbes de Provence	dazugeben
2 EL Tomatenpüree	dazugeben
100 g Saucen-Halbrahm	dazugeben und köcheln lassen
1 EL geriebener Parmesan	dazugeben
Streuwürze, Pfeffer, Paprika, Chilipulver	würzen, Fleisch dazugeben und 1 Stunde ruhen lassen
Milch oder Rahm	wenn nötig, Konsistenz anpassen (sollte dicklich sein)

Zarte Rindssteaks zum Schnellmachen (à la minute)

Ein zartes Stück Rindfleisch ist für Kenner etwas Wunderbares. Wenn nur das lästige Auslaufen des roten Fleischsaftes nicht wäre, das viele Leute vom Genuss dieser Delikatesse abhält. Sie bestellen dann ein Rindssteak durchgebraten und essen ein trockenes, sicher nicht optimal mundendes Stück Fleisch.

Hier gelten die gleichen Regeln wie bei einem grossen Braten. Das Fleisch muss im Kern die gewünschte Temperatur haben und an der Oberfläche ein Röstaroma erhalten. Wenn die Wärme von aussen sehr intensiv ist, erfolgt der Garprozess schnell und es entsteht ein grosser Druck. Der Fleischsaft tritt aus, es entsteht ein grosser Bratverlust von 15 bis 20%. Störend ist, dass der Saft, wenn das Fleisch angeschnitten wird, in den Teller läuft.

Das muss nicht so sein. Rindfleisch sollte innen in jedem Fall rosa sein. In der Gastronomie wird auch heute noch solches Fleisch beidseitig heiss angebraten und dann zum Durchziehen warmgestellt. Die Folge davon ist der unerwünschte Fleischsaft.

Damit kein roter Saft herausläuft, sollten Sie so vorgehen:

- Kontrollieren Sie Ihren Backofen, ob 40° C einstellbar sind und ob die angezeigten 40° C auch wirklich 40° C entsprechen. Wenn dies nicht möglich ist, brechen Sie das Verfahren ab.
- Kaufen Sie nicht zu dünn geschnittene Rindssteaks (Hohrücken, Huft oder Entrecôte) und streichen diese mit einer Gewürzpaste für die Aufbewahrung im Kühlschrank ein.
- Nehmen Sie das Fleisch mindestens 2 Stunden vor der Zubereitung aus dem Kühlschrank.
- Legen Sie Ihre Fleischstücke bei maximal 40° C für etwa 2 bis 3 Stunden in den Backofen. Es ist äusserst wichtig, dass die Kerntemperatur nicht über 42 Grad steigt, weil dann das Eiweiss gerinnt. Decken Sie das Fleisch nicht mit einer Folie zu, da sonst eine Staufeuchtigkeit auftritt und der Garprozess beschleunigt wird. Das Fleisch wird von innen warm und der Fleischsaft stabilisiert sich.
- Vor dem Essen geben Sie das Fleisch ganz kurz in die Bratpfanne oder noch besser auf den Grill und braten es beidseitig je etwa 1½ Minuten

an. Das Fleisch ist im Zentrum nicht zu stark gegart und schön rosa, roter Fleischsaft läuft so aber keiner mehr aus.

- Lassen Sie das Fleisch 2 Minuten ruhen, bevor Sie es servieren. Sie werden staunen und Ihre Gäste werden das zarte Fleischstück geniessen.

Das Aroma von solchem Fleisch ist sehr gut. Das Röstaroma auf der Oberfläche wird erst kurz vor dem Essen erzielt und bleibt so voll erhalten. Mit diesem Vorgehen erreichen wir zwei Dinge: Das Fleisch wird durch den langsamen und sanften Garprozess noch zarter und der Fleischsaft läuft trotz der immer noch tiefen Kerntemperatur nicht mehr aus.

Dieses Vorgehen ist nur in Ausnahmefällen nicht sinnvoll (wenn Sie in der Bedienungsmetzgerei ein falsch gelagertes, verfärbtes Fleischstück erhalten, welches bereits stark säuert), ansonsten bietet es nur Vorteile. Ein normales Stück Fleisch – ich denke besonders an Lammnierstücke, dickere Koteletts und Steaks, Straussen- und Pferdesteaks – das in der Selbstbedienung angeboten wird, ist nicht überlagert.

Auch in hygienischer Hinsicht ist diese Methode sehr gut, weil ja die Hitze erst am Ende des Garverfahrens ans Fleisch gelangt und so allfällige Risiken beseitigt.

Wollen Sie eine noch extremere Garmethode?

Aus Amerika kommt eine Garmethode, bei welcher ein Roastbeef bei einer Umgebungstemperatur von 68° C über 18 Stunden gegart wird. Auch dieses kann auf Wunsch am Schluss angebraten werden. Mit dieser Methode stossen wir aber an die Grenzen der Vernunft, weil dazu ungelagertes Fleisch notwendig ist, welches bei uns normalerweise nicht in den Verkauf kommt.

Superzarte Schweinssteaks

- Ein Steak ist ein mindestens 3 cm dickes Fleischstück zum Schnellbraten.
- Die folgenden Erläuterungen gelten demnach auch für Schweinsfilet am Stück, Lammkarree, Entenbrust, Kalbs- und Schweinskoteletts, aber nicht für Rindssteaks und Hacksteaks.

Zubereitung

4 Steaks à 200 g

- Nehmen Sie das Fleisch einen halben Tag vorher aus dem Kühlschrank und würzen es oder bestreichen es mit einer feinen Gewürzpaste.
- 40 Minuten vor dem Essen stellen Sie den Backofen auf 80° C und legen das Fleisch auf einem Teller für 30 Minuten hinein.
- Stellen Sie den Backofen ab und legen Sie bereits die Teller zum Vorwärmen hinein.
- Braten Sie das Fleisch jetzt in der heissen Bratpfanne beidseitig kurz an.
- Geben Sie es nochmals für mindestens 3 Minuten in den abgestellten, noch warmen Backofen. So erholt es sich vom Anbratstress und der Saft bleibt im Fleisch.

Sauce

1 dl Wein oder ½ dl Spirituosen, Noilly Prat	in eine Pfanne geben und auf die Hälfte reduzieren
1 Msp Trockenbouillon	dazugeben
schwarzer Pfeffer und Streuwürze	abschmecken
Gewürze (Kräuter, Chili, Curry)	je nach Namensgebung dazugeben
1 dl Saucen-Halbrahm	dazugeben, zur gewünschten Konsistenz einköcheln, Sauce nicht über das Fleisch geben, sondern Fleisch auf einem Saucen-spiegel anzurichten (2 EL Sauce auf warmen Teller geben und Fleisch darauf anrichten)

Côte de Boeuf mit Beilage

- Côte de Boeuf stammt vom gleichen Stück wie der Hohrücken, nur ist dieser entbeint.
- Wenn Sie den Knochen vor dem Garen vom Fleisch lösen, ist eine gleichmässigere Garung möglich. Fleisch am Knochen hat eine längere Garzeit.
- Achten Sie beim Einkauf auf die Qualität – je besser die Marmorierung und je grösser das Fettauge, desto besser.
- Das Chambrieren des Fleisches ist nicht nur Teil des Garprozesses, es macht das Fleisch noch zarter. Wenn Sie (in der Bedienungsmetzgerei) bereits ein eher überlagertes Stück Fleisch kaufen, so erhöhen Sie die Temperatur und verringern die Zeit (z.B. 1½ Stunden bei 80° C).
- Mit dem Chambrieren des Fleisches werden auch wenig gelagerte Muskeln zu einem Genuss.
- Das Mark gibt der Sauce ein feines Aroma. Sie können es aber auch durch einen Esslöffel Öl ersetzen.
- Das Fett des Fettauges ist unter Kennern sehr geschätzt. Lassen Sie deshalb beim Aufschneiden oder Essen an jeder Portion etwas Fett zum Essen. Sie werden staunen.
- Servieren Sie einen Ofenkartoffel dazu. So kompensieren Sie das Fett des Fleisches.

Vorbereitung

1,2 kg Côte de Boeuf	abspülen und mit Küchenpapier trocknen Knochen herauslösen
Gewürzpaste	Fleisch einreiben, zudecken und im Kühlschrank wenn möglich 2 Tage lagern

Zubereitung

- Fleisch einen halben Tag vorher aus dem Kühlschrank nehmen.
- 4 Stunden vor dem Essen roh in den Backofen mit 40° C legen.
- 10 Minuten vor dem Essen auf dem Grill oder in der Bratpfanne beidseitig braten, resp. das Grillzeichen machen.
- Mit der Gabel beidseitig das Fettauge andrücken, damit es viel Hitze erhält.
- Gewünschten Garpunkt erstellen (geht schnell, weil das Fleisch innen warm ist).
- Fleisch 2 Minuten ruhen lassen und aufschneiden.

Beilage

1 kleine Zucchetti	fein würfeln, in Bratpfanne knackig braten und herausnehmen
1 Markbein	Mark herausdrücken, in Scheiben schneiden und eine halbe Stunde in kaltes Wasser legen, in Bratpfanne geben
1 Zwiebel	fein hacken, in Bratpfanne geben und andünsten
1 Knoblauchzehe	fein schneiden und dazugeben
5 schwarze Oliven	entsteinen, klein schneiden,
½ dl Rotwein	dazugeben
Zucchetti	dazugeben und auf die Hälfte einkochen
schwarzer Pfeffer, Streuwürze und wenig Chili	abschmecken
1 Tomate	fein schneiden, dazugeben und eine halbe Minute andünsten, Sauce vom Herd nehmen

Das will ich ausprobieren

Datum

Mit Fett durchwachsenes Fleisch in grossen Stücken zum trocken Braten

Kalbsbrust, Schweinshals

Solches Fleisch ist des grösseren Fett- und Bindegewebeanteils wegen günstiger und dazu gleichzeitig auch aromatischer. Das Fett und das Bindegewebe schützen das Fleisch vor dem Austrocknen und ermöglichen ein wunderbares, natürliches Röstaroma, sofern das Fleisch richtig behandelt wird.

Das Ziel ist hier ebenfalls ein möglichst sanftes Garen ohne grossen Gewichtsverlust und mit einer voll aromatischen Oberfläche. Voraussetzung für ein gutes Gelingen ist, dass das Fett nicht stabilisiert wird, sondern möglichst gut ausläuft. Stabilisiertes Fett macht höchstens bei einem Stück Speck Freude, sonst sollte es vermieden werden. Ab einer Umgebungstemperatur von 116°C läuft Fett aus und es bleiben die Grieben zurück. Die Grieben sind im Prinzip das geröstete Bindegewebenetz des Fettes und sind sehr schmackhaft.

Wer in Südamerika zuschaut, wie Fleisch gegrillt wird, staunt über die Stückauswahl und die Grill-Temperatur. Der Abstand des Fleisches zur Glut beträgt über einen Meter, die Grilltemperatur ist deshalb moderat. Das Fleisch wird so nicht verbrannt, obwohl der Garprozess 8 bis 12 Stunden dauern kann. Natürlich kommen dort nicht nur magere Luxusteile wie bei uns auf den Grill, sondern beinahe der ganze Tierkörper und zwar mit viel Fett. Wundert es Sie, dass solches Fleisch wunderbar schmeckt?

Ich erlebe in der Schweiz das gleiche, wenn ich eine möglichst fette Kalbsbrust im ausgebeinten, aber undressierten Zustand kaufe, mit einer Gewürzpaste einreibe, 2 Tage liegen lasse und sie dann im Backofen auf dem Rost bei 120°C während knapp 4 Stunden ganz langsam gare. Das viele Fett, das dabei herausläuft, wird auf dem Blech aufgefangen und stört mich nicht, denn die zurückbleibenden Grieben sind ja Aromaträger. Das Entgelt dafür ist dann ein Fleisch, das keine Wünsche offen lässt.

Fleisch, das mit Fett durchwachsen ist, muss bei höheren Temperaturen gegart werden als mageres Fleisch. Wichtig ist, dass Sie die Leistung Ihres Backofens kennen und mit genauen Temperaturen arbeiten. Der Backofen arbeitet hier wesentlich einfacher und genauer, als Sie das auf dem Grill schaffen. Die herkömmlichen Grill-Modelle arbeiten mit viel zu hohen Temperaturen. Der Garprozess erfolgt zu schnell und verunmöglicht das Auslaufen des Fettes aus dem Innern.

Vielerorts wird Kalbsbrust als Rollbraten angeboten. Solches Fleisch ist nur billig, so richtig Freude können Sie damit aus logischen Gründen keine erzielen. Das gleiche Fleisch aber, wie oben beschrieben zubereitet, macht aus einem günstigen Stück eine Delikatesse.

Die ausgebratene Kalbsbrust, mein Lieblingsstück.

Schweinshals-Braten

- Der Schweinshals-Braten ist unter Kennern sehr beliebt. Das Fleisch ist sehr aromatisch und dank des eingelagerten feinen Fettgewebes saftig.
- Kaufen Sie das Fleischstück nicht zu klein, weil es kalt aufgeschnitten besser als jeder Schinken ist.
- Dieser Braten wird nicht extra angebraten.

Vorbereitung

1,2 kg Schweinshals	abspülen, mit Küchenpapier trocknen auf Knorpelreste prüfen
Gewürzpaste aus Kühlschrank	mit etwas gepresstem Knoblauch und frischem Rosmarin ergänzen, Fleisch damit einstreichen und zudecken, Fleisch wenn möglich für 2 bis 3 Tage in den Kühlschrank legen

Zubereitung

- Schweinshals einen halben Tag vorher aus dem Kühlschrank nehmen und zugedeckt in der Küche stehen lassen.
- Backofen auf 120° C einstellen und rohes Fleisch auf Rost legen.
- Etwa 3 Stunden langsam garen lassen, bis die Kerntemperatur von 64° C erreicht ist.
- Jetzt Backofentüre öffnen, Temperatur auf 55° C einstellen und Fleisch so vor dem Aufschneiden 1 Stunde ruhen lassen.

Das will ich ausprobieren

Datum

Fleisch vom Vorderviertel, das in Flüssigkeit sanft weichgegart wird

Siedfleisch, Schmorbraten, Ragout, Haxen

Das Ziel

Ziel ist es auch hier, das Bindegewebe unter möglichst sanften Voraussetzungen gelieren zu lassen, damit der Saft im Fleisch bleibt und das Fleisch einen angenehmen, sanften Biss erhält.

Siedfleisch – die Umstände heute

Siedfleisch hat gegenüber den zarten Teilen des Tieres ein eher schlechtes Image. Das verwundert nicht weiter und hat mehrere Gründe. Es ist unbestritten viel einfacher, ein zartes Stück Fleisch kurz beidseitig in der Pfanne zu braten, als verschiedene Gemüse zu rüsten, das Fleisch darin über längere Zeit zu sieden und dabei einen grösseren Gewichtsverlust zu verzeichnen. Der andere Grund liegt beim Muskel selber. Siedfleisch stammt vom Vorderteil eines Tieres. Weil dieser über ¾ des Kraftaufwandes erbringt, ist die Muskulatur ausgeprägter und damit die Faserung des Fleisches gröber. Auch sind der Bindegewebs- und der Fettanteil wesentlich grösser.

In unseren Breitengraden wird Siedfleisch interessanterweise immer recht heiss gekocht. Die Temperatur am Kochgut beträgt dabei über 95° C, im Kombisteamer der Profiküche ist es noch heisser. Das Fett wird dabei stabilisiert, das Bindegewebe weicher und die Sehnen schmelzen. Durch diesen Vorgang wird das Fleisch zwar schmackhaft, aber der Biss ist nicht richtig zart, oder es ist verkocht. Oft bleiben dann lästige Fleisch- oder Bindegewebe-Resten zwischen den Zähnen. Der Gewichtsverlust ist gross – er beträgt knapp die Hälfte – und wird dabei in Kauf genommen. So benötigen Sie pro Portion schnell um die 200 bis 250 Gramm Fleisch. Der höhere Gewichtsverlust und der grosse Aufwand ergeben ein recht teures Gericht.

Andere Länder – andere Sitten

Hinterfragen wir die Zubereitungsart bei Siedfleisch doch einmal. Zuerst fällt auf, dass die Südamerikaner – sicher die Liebhaber von gegrilltem Fleisch – auch stark durchzogenes Siedfleisch auf den Grill legen. Das Fleisch liegt 8 und mehr Stunden bei tiefen Temperaturen – zirka 120° C – da, bis es gar ist. Das Fett im Fleisch läuft dabei aus, es entsteht ein wunderbarer Geschmack und das Fleisch ist sehr kräftig im Aroma.

Gehen wir auf die andere Seite der Erdkugel und schauen zu, wie die Ureinwohner auf Fijdi Fleisch garen: Dieses wird zuerst gewürzt und anschliessend in große Bananenblätter eingewickelt. In einem Erdloch, in welchem grosse Steine liegen, wird ein Feuer entfacht. Wenn das Feuer herunter gebrannt ist, werden die Bananenblätter-Packungen ins Erdloch gelegt und mit Steinen zugedeckt. Nach ca. 10 bis 12 Stunden, wenn das Erdloch geöffnet wird und die Bananenblätter aufgemacht werden, duftet es wunderbar. Nur schade, dass dieses Fleisch komplett verkocht ist.

Überlegen lohnt sich

Diese beiden Varianten zeigen, dass sich Überlegungen zum Garen von grobem Fleisch sehr wohl lohnen. Dabei gilt es, folgende Punkte zu beachten: Das Bindegewebe und die Sehnen spalten sich auf und gelieren bei 70° C. Sie brauchen dazu aber genügend Zeit. Höhere Temperaturen beschleunigen diesen Prozess nicht, sondern schaden ihm wegen des grossen Drucks, der so entsteht. Der Garprozess braucht seine Zeit.

Rindfleisch zum Sieden

Die wenigsten Leute schätzen heute richtig mit Fett durchwachsenes Siedfleisch. Wir bewegen uns zu wenig und benötigen nicht mehr gleich viele Kalorien wie unsere Vor-Vor-Vorfahren. Ein eher mageres Stück aus der Schulter des Tieres wird geschätzt. Mit einem Stück vom Schulterfilet, vom Hohrückendeckel oder von der Brust – das sind kompakte Stücke, die durch eine Aussenhaut geschützt werden – sind Sie gut bedient. Ideal ist für mich der Schulterspitz. Er ist normalerweise recht günstig und die dicke Sehne in der Mitte verleiht dem Gericht im gelierten Zustand ein wunderbares Aroma. Das eher stark mit Fett durchwachsene Siedfleisch vom Federstück wird heute oft zu Hamburgern verarbeitet und ist so ideal verwertet.

Das Prinzip

Gut Ding will Weile haben. Dieser Spruch gilt auch hier. Unter 70° C findet kein Garprozess statt und die Nährstoffe werden weggeschwemmt. Über 85° C steigt der Saftaustritt wesentlich an und solches Fleisch bleibt auch, wenn es gar ist, grobfaserig und hart. Da Saucenfleisch vom Rind mit Vorteil immer am Vortag gegart werden sollte, weil so genügend Zeit bleibt und das Fleisch in kaltem Zustand besser geschnitten werden kann, empfiehlt sich das Garen über Nacht.

In der Profiküche

In der Profiküche ist dies kein Problem. Ein moderner Kombisteamer sorgt für das schnelle Erreichen und Halten der richtigen Temperaturen, sorgt für die korrekte Befeuchtung und ist mit Alarmgeräten ausgerüstet, welche das Ende rechtzeitig anzeigen. Rindsbraten, Siedfleisch oder Ragout wird gegen Abend in eine heisse Bouillon gelegt und bei 80° C während ca. 12 bis 14 Stunden weichgegart. Das Ergebnis ist ein sanftes Siedfleisch oder ein Ragout, die keine Wünsche offen lassen. Das Gemüse muss extra gegart werden, weil die 80° C dazu zu tief sind. Das fertig gegarte Fleischstück wird in eine Form gebracht und aktiv herunter gekühlt. So lässt es sich auf der Aufschnittmaschine sehr exakt und einfach tranchieren. Schuppenförmig angerichtet wird es mit wenig Bouillon zugedeckt gewärmt und serviert.

Im Privathaushalt

Ein Backofen mit Umluft transportiert die Wärme besser als mit Ober- und Unterhitze.

In einem normalen Küchenhaushalt gilt es zuerst herauszufinden, auf welcher Herdplatte derart tiefe Temperaturen (80 bis 85° C) möglich sind. Erwärmen Sie in einer Pfanne Wasser und stellen Sie diese auf die kleinst mögliche Temperaturstufe ein. Ideal sind 80° C bei geschlossenem Deckel. Kontrollieren Sie alle Platten auf Ihrem Herd, sie sind unterschiedlich. Wenn Sie eine Garmöglichkeit mit 80° C herausgefunden haben, so können Sie das Fleisch während der Vorbereitung für das Abendessen bearbeiten und problemlos über Nacht garen.

Besonders bei älteren Kochplatten kann es sein, dass die Temperaturen zu hoch sind und das Über-Nacht-Garen nicht möglich ist. Garen Sie das Fleisch in diesem Fall bei möglichst tiefen Temperaturen tagsüber. Beachten Sie, dass der Kochprozess bereits bei 90° C wesentlich schneller geht. Je weniger über 80° C beim Garen, desto besser das Resultat.

Wenn das Fleisch weich ist, nehmen Sie es aus der Bouillon. Kühlen Sie beides ab, wenn es nicht gleich gegessen wird. Bringen Sie wenn nötig das Fleisch in eine ideale Form, damit Sie es gut aufschneiden können. Kenner garen Siedfleisch ein oder zwei Tage früher und schneiden die Tranchen in kaltem Zustand. Dieses Fleisch können Sie mit wenig Bouillon problemlos kurz auf 60° C sanft erwärmen.

Die alternative Zubereitung im Backofen ist ebenfalls möglich. Wichtig ist auch da, dass Sie die effektiven Temperaturen im Ofen kennen und dementsprechend handeln. Weil im Backofen eine trockene Hitze herrscht, die schlecht leitet und erst noch indirekt auf das Bratgut kommt, können Sie nicht mit 80° C garen. Ich habe gute Erfahrungen mit einer Backofentemperatur mit Umluft von 90° C gemacht. Wer einen modernen Steamer mit Frischwasseranschluss hat – nur ein Wasserbehälter genügt nicht, weil zu klein – kann es gleich machen wie die Profis.

Die Wirkung sanfter Temperaturen

Interessanterweise verkocht das Fleisch auf diese Art nicht. Die Fleischränder bleiben intakt, das Fleisch ist weich, aber nicht verkocht. Sanfte Temperaturen lohnen sich auch bei Siedfleisch, Ragout und Schmorbraten. Wer Fleisch mit sanften Temperaturen gart, erlebt seine Wunder und wird mit einer Konsistenz verwöhnt, die am Tisch Ahh's und Ohhh's hervorruft.

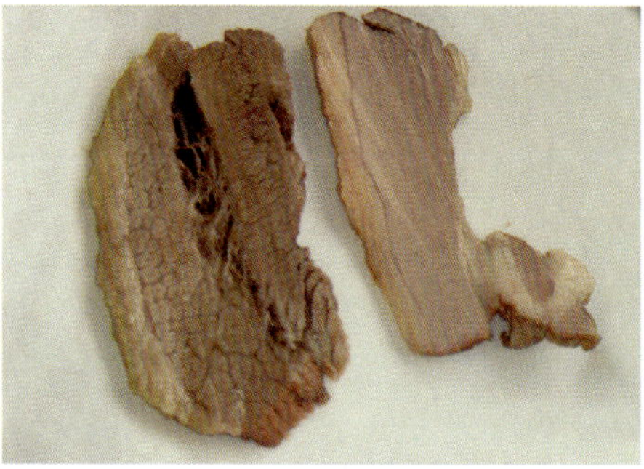

Links das «normale Siedfleisch», rechts das superzarte über Nacht «Sanft-Gegarte».

Reifere Menschen erinnern sich vielleicht an früher. Unsere Urgrossmütter standen sonntags zeitig auf, gingen in die Küche, rüsteten Gemüse und die übrigen Zutaten. Schon vor 8 Uhr war das Siedfleisch oder der Sonntagsbraten auf dem Feuer. Anschliessend ging es in die Kirche und zu Hause schmorte der Braten auf kleinstem Feuer ruhig und ungestresst dahin. Nach dem Kirchgang wurden nur noch die übrigen Zutaten fertig gekocht, das Fleischstück aufgeschnitten und der Schmaus für die Lieben war bereit. Sanfte Temperaturen waren schon damals bekannt.

Mageres Siedfleisch – ein wahrer Traum

- Viele Garversuche haben gezeigt, dass sich sanfte Temperaturen auch bei diesem Fleisch sehr lohnen.
- Beachten Sie, dass die Garzeit bereits bei 90° C wesentlich kürzer ist.
- Mageres Siedfleisch ist sehr kalorienarm. Verfeinern Sie dieses Gericht mit einer leichten Sauce.
- Wählen Sie das Fleischstück so gross, dass Sie mindestens zwei Mahlzeiten daraus machen können. Das Fleisch für ein Gericht können Sie im geschnittenen Zustand und mit Bouillon bedeckt problemlos tiefkühlen.

Zubereitung
- Mit 2 Bouillonwürfel machen Sie in einer dem Fleischstück angepassten Pfanne eine Bouillon und bringen diese knapp vor den Siedepunkt.
- 1,5 kg mageres Siedfleisch mit kaltem Wasser abspülen und in die Bouillon geben, die Bouillon darf nicht kochen, sollte aber des kalten Fleisches wegen nicht unter 80° C fallen.
- Reduzieren Sie nach 10 Minuten die Hitze der Herdplatte auf die kleinstmögliche Stufe und lassen Sie das Siedfleisch so während etwa 12 Stunden ziehen (80 bis 85° C, es darf nicht kochen).
- Machen Sie mit einer Nadel/Gabel die Garprobe.
- Nehmen Sie das Fleisch aus der Bouillon und bringen Sie es wenn nötig in Form, damit Sie es schön aufschneiden können.

Folgetag
- Am Folgetag garen Sie das Suppengemüse auf Wunsch in einer Extrapfanne weich.
- Siedfleisch in ½ bis 1 cm dicke Scheiben schneiden und in wenig Bouillon wärmen und servieren.

Sauce

1 Teil Meerrettich	aus der Tube
4 Teile Saucen-Halbrahm	
oder Quark	
oder Sauercrème	dazugeben und mischen
Dill und Streuwürze	würzen

Rindfleisch geschmort

Schmorbraten wurden früher tüchtig angebraten, dann mit Wein und Bouillon abgelöscht und anschliessend bei hohen Temperaturen weich gekocht. Dabei wurden Kerntemperaturen von weit über 85° C erreicht. Wer sich die Spannung und den Druck, der so im Innern des Fleisches herrscht, vorstellt, wundert sich nicht über den hohen Gewichtsverlust (um die 50%) und den recht groben Biss.

Beachten Sie bitte (die Angaben gelten auch für Siedfleisch):

- Auch bei einem Saucengericht geht es in erster Linie darum, mit möglichst sanften Temperaturen und wenig Druck das Ziel zu erreichen.
- Voraussetzung für einen guten Schmorbraten ist, dass das Bindegewebe geliert. Das Bindegewebe löst sich dabei nach einiger Zeit auf, die Sehnen werden weich und erhöhen damit die Bindefähigkeit der Sauce. Dieses geschieht je nach Fleischart und Alter des Tieres bei etwa 70° C, dauert aber seine Zeit. Die Zeitdauer kann durch die Höhe der Temperatur nicht beeinflusst werden.
- Ideal ist es, wenn der Braten im rohen Zustand durch eine feine Fettschicht oder Bindegewebe geschützt wird. Diese sind im gebratenen Zustand nicht mehr sichtbar und Ihr Fleisch bleibt saftiger.
- Fett im Innern des Fleischstückes sollte bei einem solchen Gericht nicht vorhanden sein, weil es in der Sauce nicht auslaufen kann, sondern sich nur stabilisiert.
- Das Anbraten des Fleisches sollte sich auf die Stellen mit Fett auf der Aussenseite beschränken. Bei den anderen Stellen wird Fleisch gequält und der Nutzen ist nicht ersichtlich. So kann unnötiger Stress vermieden werden.
- Profis garen einen Schmorbraten immer am Vortag. Das Fleisch wird in der Sauce schnell gekühlt und anderntags im kalten Zustand in Scheiben geschnitten. Erst knapp vor dem Essen wird das Fleisch in der Sauce erwärmt. Die Scheiben für den Tiefkühler legen Sie in ein Geschirr mit Deckel und sorgen dafür, dass das Fleisch komplett mit Sauce zugedeckt ist. So «verpackt» ist es problemlos 3 Monate haltbar.
- Früher wurde auch ein Schmorbraten (sehr) heiss gegart. Beachten Sie aber, dass je tiefer die Gartemperatur, desto zarter, saftiger und feiner wird das Fleisch. Die Garzeit verlängert sich jedoch sehr stark. Bei 80° C dauert es um die 12 Stunden, aber es kocht ja von alleine.

Rinds-Schmorbraten

- Rinds-Schmorbraten ist im Kleinhaushalt zu Unrecht etwas aus der Mode gekommen. Denn dieser Braten ist – besonders zusammen mit Polenta oder Kartoffelstock – ein beliebtes Festessen.
- Da gegartes Fleisch sehr gut tiefgekühlt werden kann, empfehle ich Ihnen, ein grösseres Stück zu kaufen und einen Teil davon einzufrieren. Die Vorteile sind klar: Sie haben weniger Aufwand, erhalten beim Aufschneiden schönere Scheiben und das Fleisch trocknet beim Garen weniger aus.
- Es ist wichtig, dass die Sauce erst nach dem Garen des Fleisches gebunden wird, weil es sonst an der Pfanne ansetzen kann.

Zubereitung

ca. 1½ kg Rindsbraten von der Schulter	mit kaltem Wasser kurz abspülen und mit Küchenpapier trocknen
Salz und schwarzer Pfeffer aus der Mühle	Fleisch damit würzen
1 EL Olivenöl	Fleisch darin an den Fettstellen gut anbraten und herausnehmen in einen nicht zu grossen Topf geben
1 kleiner Sellerie	in Würfel schneiden und andünsten
2 Rüebli	in Würfel schneiden und andünsten
1 Zwiebel	in Würfel schneiden und andünsten
1 Lauch	in Würfel schneiden und andünsten
1 Zweig frischer Rosmarin	dazugeben
3 EL Tomatenpüree	dazugeben
7 dl kräftiger Rotwein	dazugeben
Bouillon	dazugeben, bis das Fleisch zugedeckt ist, etwa 4 Stunden leise schmoren lassen
schwarzer Pfeffer, Salz	Sauce nach Belieben nachwürzen
Maizena Express	gewünschte Konsistenz erstellen

... und ausserdem

Achten Sie bei Kauf des Fleischstückes zum Braten oder Sieden, dass es länglich und immer quer zur Faser geschnitten werden kann.

Ragout

Das Garen über Nacht ist auch mit Ragout möglich. Wichtig ist aber, dass keine Bindemittel (Mehl, Stärke) verwendet werden. Dank der tiefen Temperaturen um 80° C erhalten Sie nach 10 bis 12 Stunden ein sanftes, butterzartes Fleisch mit wenig Gewichtsverlust, das Sie verblüffen wird.

Weniger heiss, dafür sanfter und damit länger, lautet auch hier die Lösung. Das Bindegewebe benötigt seine Zeit, um weich zu werden. Und 80° C genügen dazu vollauf. Wenn Sie damit einige Erfahrungen gemacht haben, werden Sie die Gartemperatur senken und noch mehr staunen!

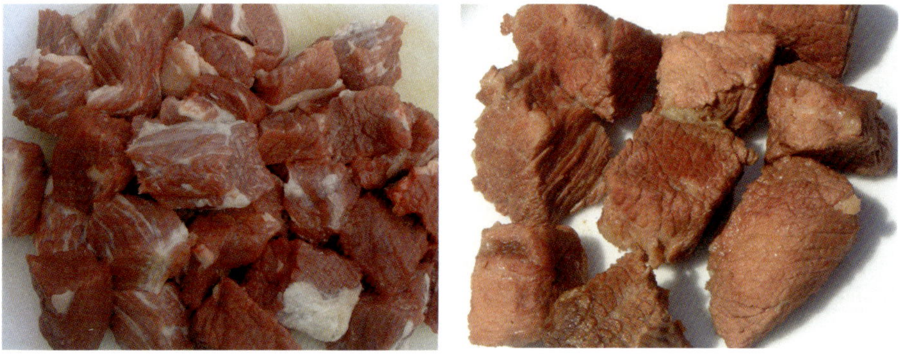

Die klaren Ränder rechts zeigen, dieses über Nacht gegarte Fleisch wurde nicht «gestresst».

Rolands etwas anderes Kalbsragout

Zugegeben, ein ausgefallenes Rezept. Es zeigt, dass in der Küche die Fantasie einen grossen Spielraum hat.

600 g Kalbsragout	würzen und in wenig Öl anbraten aus der Pfanne nehmen
1 Schalotte	fein schneiden und andünsten
½ dl Portwein	dazugeben und auf die Hälfte einkochen lassen Fleisch dazugeben
2 dl Kalbsfond	dazugeben und während 20 Minuten auf kleinem Feuer köcheln lassen
70 g Edelbitter Schokolade	dazugeben und 30 Minuten weiter köcheln lassen
1 EL Essig Balsamico di Modena	dazugeben
Pfeffer und Salz	wenn nötig abschmecken
wenig Limettensaft	verfeinern

Kalbshaxen nach Mailänderart

Auch bei einer Kalbshaxe gilt, je tiefer die Gartemperatur, desto grösser der Genuss. In Italien wird diese Gremolata über die Kalbshaxen gestreut.

Zubereitung

4 Rüebli	schälen, in kleine Würfel schneiden
4 Stangen Staudensellerie	in kleine Würfel schneiden
3 Zwiebeln	in kleine Würfel schneiden
3 Knoblauchzehen	in Scheibchen schneiden
1 EL Bratbutter	alles Gemüse etwas braten
4 Kalbshaxen (etwa 4 cm dick)	waschen, mit Küchenpapier trocknen
2 EL Mehl	Haxen darin wenden
1 EL Olivenöl	Haxen anbraten, mit Gemüse in Bräter geben
¼ l Weisswein	Bratfond auflösen, Wein einkochen und in Bräter geben
800 g reife Tomaten (oder Pelati)	häuten, halbieren und dazugeben
2 Lorbeerblätter	dazugeben
2 Gewürznelken	dazugeben
½ TL getrockneter Thymian	dazugeben
½ TL getrockneter Oregano	dazugeben
½ Bund Petersilie glatt	mit Stängel grob hacken, dazugeben
Salz, schwarzer Pfeffer	abschmecken
Bouillon	dazugeben, bis die Haxen knapp mit Flüssigkeit zugedeckt sind, kurz aufkochen lassen, bei kleinstmöglicher Hitze auf der Herdplatte garen, oder im Backofen zugedeckt bei 95° C während etwa 10 Stunden garen, Sauce erst am Schluss binden
1 unbehandelte Zitrone	Schale abreiben
½ Bund Petersilie glatt	grob hacken
2 Knoblauchzehen	durch die Presse geben, mit Petersilie und Zitronenschale mischen

Haschi – Siedfleischverwertung der Landfrauen

- Das Rezept soll ungefähr so alt sein wie das vergangene Jahrhundert.
- Früher gab es einen Fleischbieter, der von Hof zu Hof ging, um den Preis pro Pfund Fleisch und die Zeit des «Auswägens» auszurufen.
- Weil man manchmal die Todesursache des Tiers nicht genau feststellen konnte, kochte man das Fleisch aus und schüttete den Sud weg.
- Daraus entstand «Haschi». Ein Gericht aus Suppenfleisch – ein herrliches Essen – und erst noch günstig.

Zubereitung

500 g Siedfleisch gekocht 1 grosse Zwiebel 1 Bund Petersilie 300 g altbackenes Brot	abwechslungsweise ein Stück Fleisch, ein Stück Zwiebel, Petersilie und Brot durch den Fleischwolf/Hackmaschine drehen oder fein schneiden
Streuwürze, Pfeffer, Salz	würzen
2 EL Bratbutter	In die Bratpfanne geben, Masse braten und schön braun werden lassen

Gabelzart

Das will ich ausprobieren

Datum

Teil 6

Die Sauce

Kurzübersicht **Eine gute Sauce herzustellen ohne das Fleisch zu strapazieren, ist einfach. Machen Sie die Sauce separat.**

Ab und zu höre ich den Vorwurf, mit meinem «Sanft-Garen» gäbe es keinen Saft für eine gute Sauce. Das stimmt, aber nur zum Teil. Ja, es gibt nur wenig Saft, der herausläuft. Aber sind diese paar Tropfen wirklich wertvoll? Braucht es tatsächlich den Saft eines meist sehr teuren Fleischstückes, das dadurch einen Qualitätsverlust erleidet? Und lohnt es sich wirklich, diesen auf Kosten des richtigen Garpunktes zu erhalten?

Nein, dazu kommt, dass der Ablauf bei einem Geschnetzelten verzögert wird und dies geht einher mit einer Qualitätseinbusse beim Endprodukt.

Um es vorweg zu nehmen, auch ich schätze eine gute Sauce sehr. Aber die Gastronomie macht in der Ausbildung aus der Saucenherstellung einen richtigen Kult. Der Kochlehrling lernt mit Recht die Finessen der Zubereitung – das schadet nichts –, aber für das Gelingen eines Gerichtes geht es in der Praxis auch anders. Dies ermöglicht auch die Hilfsstoff-Industrie, die alle Bestandteile einer Sauce in akzeptabler Qualität auf dem Markt anbietet. Es geht also auch einfacher und günstiger. Man muss nicht ein tolles Fleischstück so schlecht behandeln, damit kostbarer Saft herausläuft!

• *Sauce separat*

Ich mache die Sauce immer separat und wenn möglich vor dem Fleisch. Eine sehr gute Sauce ist in wenigen Handgriffen gemacht. Fantasie und ein bisschen Mut sind gefragt, und die Sauce ist fertig.

Die Konsistenz einer Sauce ist sehr wichtig. Dazu eignet sich der Gabeltest sehr gut: Wenn die Sauce zu einem Drittel zwischen den Zinken hängen bleibt, ist die Konsistenz richtig.

Jede Sauce wird durch die Warmhaltung fester in der Konsistenz. Wenn das Geschnetzelte in der Sauce ist, darf diese nicht mehr über 80° C heiss sein, weil sonst das Fleisch zäh wird. Kenner servieren das Fleisch auf einem Saucenspiegel und vermeiden es beim Anrichten das Fleisch mit Sauce zuzudecken.

• *Fantasie ist gefragt*

Aus den bestehenden Vorräten eine nicht alltägliche, ja freche Sauce zu zaubern, finde ich besonders interessant. Lassen Sie Ihrer Fantasie freien Lauf und kombinieren sie nach Lust und Laune. Einfacher wird es, wenn Sie im Tiefkühler gut verpackt die Hälfte eines Weichkäses ohne Rinde lagern. Egal, ob Boursin mit Knoblauch oder Kräuteraroma oder Gorgonzola, es ergibt eine perfekte Basis für eine exquisite, sämige Sauce.

• Basis-Sauce

1 dl Wein, Champagner oder ½ dl Cognac	in eine Pfanne geben
1 Messerspitze Trockenbouillon	dazugeben und auf die Hälfte der Menge einkochen lassen
schwarzer Pfeffer und Streuwürze	würzen
etwa 1½ dl Saucen-Halbrahm	dazugeben, aufkochen lassen und die gewünschte Konsistenz herstellen
zusätzliche Gewürze oder Kräuter	dazugeben vor dem Servieren kurz vor das Kochen bringen

Zart gegartes Fleisch nicht mit Sauce zudecken, sondern auf einen Saucenspiegel legen.

Blitz-Sauce

So können Sie mit wenig Aufwand eine sehr gute Sauce machen.

Zubereitung

1 EL Olivenöl	in Pfanne geben
1 grosse Knoblauchzehe	durch Knoblauchpresse geben und andünsten
½ dl Gin	dazugeben
1 Zweig frischer Rosmarin	hacken und dazugeben
½ TL Trockenbouillon	dazugeben
½ Zitrone	Schale abreiben und dazugeben
	auf die Hälfte einreduzieren lassen
1,8 dl Saucen-Halbrahm	dazugeben
schwarzer Pfeffer, Salz, Streuwürze	abschmecken, zur gewünschten Konsistenz einköcheln, servieren

Barbecue-Sauce

- Bereiten Sie diese Sauce in einer grösseren Menge zu.
- Sie ist in einem gut verschliessbaren Konfitürenglas im Kühlschrank sehr gut haltbar.
- Füllen Sie einen Teil der Sauce in kleine Plastikdosen mit Deckel und legen Sie diese in den Tiefkühler.
- Die Sauce kann in der Originalform oder mit der Hälfte Saucenrahm verdünnt in warmem oder kaltem Zustand angeboten werden.
- Anstelle der getrockneten Chipotle-Chilies können sie auch 2 EL Rauch-aroma beigeben.

Zubereitung

30 g Speckwürfel	andünsten
100 g Zwiebeln	fein schneiden und dünsten
1 Knoblauchzehe	fein schneiden und dünsten
½ rote Chilischote, scharf	mit den Kernen fein schneiden und dünsten
40 g Obstessig	dazugeben
½ EL Paprika edelsüss	dazugeben
½ EL Currypulver	dazugeben
30 g Tomatenpüree	dazugeben
200 g geschälte Tomaten aus der Dose	dazugeben
50 g Wasser	dazugeben
60 g brauner Kandiszucker	dazugeben
50 g Rüebli	fein raffeln und dünsten, alles bei mittlerer Hitze während 30 Minuten köcheln lassen
30 g rohe Kartoffeln	fein raffeln und dazugeben
2 getrocknete, geräucherte Chipotle-Chilies	entkernen, fein schneiden, dazugeben alles mit dem Mixer fein pürieren, nochmals 10 Minuten köcheln lassen und heiss abfüllen

Aprikosen-Sauce

- Diese Sauce zeigt, wie schnell Sie aus den bestehenden Vorräten eine nicht alltägliche Sauce zaubern können.
- Sie ist sehr gut geeignet als Gemüse-Dip zum Einstieg oder Grillbeilage.
- Da diese Sauce nicht erhitzt wird, ist die Haltbarkeit beschränkt.

Zubereitung

1 EL Zitronensaft	in eine Schüssel geben
½ Zitrone oder Limette	Schale in eine Schüssel reiben
40 g Senf	dazugeben
100 g Aprikosenkonfitüre	dazugeben
1 EL Ingwer frisch oder tiefgekühlt	fein reiben, dazugeben
½ TL Chilipulver	dazugeben
1 EL Meerrettich aus der Tube	dazugeben
1 EL Ketchup	dazugeben und mischen
Salz oder Streuwürze	würzen und die gewünschte Konsistenz sicherstellen

Erdnuss-Sauce

Diese in Asien zu jedem Fleisch oder Fisch angebotene Sauce schmeckt prima und kann gut aufbewahrt werden. Sie eignet sich auch als Gemüse-Dip.

Zubereitung

150 g geröstete Erdnüsse	im Mörser fein zerkleinern
1 EL Öl	in Pfanne geben
1 Knoblauchzehe	fein reiben und andünsten
400 g Kokosmilch	dazugeben
1 EL Currypulver	dazugeben
1 TL Kurkumapulver	dazugeben
1 TL Paprika mild	dazugeben
3 EL Palmzucker	dazugeben
1 TL Salz	(wenn die Erdnüsse nicht gesalzen sind)
1 EL Weinessig mild	dazugeben und bei mittlerer Hitze einkochen lassen, bis die Sauce sämig ist

Gorgonzola-Nuss-Sauce

Diese edle Kombination ist einfach herzustellen.

Zubereitung

1 dl Weisswein, Champagner oder ½ dl Cognac/Noilly Prat	in eine Pfanne geben
1 Msp Trockenbouillon	dazugeben und auf die Hälfte der Menge einkochen lassen
30 g Gorgonzola oder Boursin	dazugeben
½ dl Milch	dazugeben, gut aufkochen lassen
1 dl Saucen-Halbrahm	dazugeben
evtl. wenig schwarzer Pfeffer und Streuwürze	würzen (Achtung, Käse ist schon gewürzt)
½ TL Zitronenpfeffer	dazugeben, aufkochen lassen und die gewünschte Konsistenz herstellen
20 g Baumnüsse	fein hacken und dazugeben, die Sauce sollte jetzt nicht mehr kochen

Käse-Kräuter-Sauce

- Diese Sauce können Sie warm und kalt (als Gemüse-Dip) servieren.
- Sie kann auch tiefgekühlt werden.
- Frischkäse verleiht einer Sauce etwas Geheimnisvolles.

Zubereitung

4 dl Milch	erwärmen
1 Bouillonwürfel	dazugeben
90 g Knoblauch-Frischkäse	dazugeben
90 g Mascarpone	dazugeben
½ TL Kalbsfondpulver	dazugeben
Salz und schwarzer Pfeffer	abschmecken
10 g Herbes de Provence	dazugeben
1 TL Maizena Express	dazugeben
½ Zitrone	Schale abgerieben dazugeben, Saft dazugeben, alles aufkochen lassen und auf die gewünschte Konsistenz bringen

Kathrins Wunder-Sauce

Diese äusserst kräftige Sauce passt zu sanft-gegartem Fleisch ausgezeichnet und wird auch Sie beigeistern.

Zubereitung

30 g Bratbutter	zergehen lassen
300 g Zwiebeln	in dünne Scheiben schneiden darin dünsten
7½ dl Rot- oder Weisswein	dazugeben und auf 1 dl einköcheln lassen Zwiebeln absieben, restliche Sauce kalt stellen
2 EL Zucker	in Pfanne geben
30 g Butter	mit Zucker karamellisieren reduzierten Wein dazu geben
3 EL Essig Balsamico di Modena	dazugeben
1 Würfel Bratensauce	dazugeben
Salz und Pfeffer	würzen und auf die gewünschte (dickflüssige) Konsistenz einköcheln lassen

Sauce – exotisch und einfach

- Die Zubereitung des Fleisches erfolgt immer auf eine ähnliche, möglichst schonende Art ganz ohne Druck. Der Unterschied beim «Sanft-Garen» liegt in der Sauce.
- Dass dies ohne grossen Aufwand zu realisieren ist, zeigt das folgende Rezept.

Zubereitung

2 EL Ketchup	in Pfanne geben
4 EL Sojasauce	dazugeben
1,8 dl Saucen-Halbrahm	dazugeben
1 Msp Currypulver	dazugeben und erhitzen
schwarzer Pfeffer und Streuwürze	abschmecken, zur gewünschten Konsistenz einköcheln lassen und servieren

Teil 7
Hygiene ist wichtig

Kurzübersicht Wer die wichtigsten Hygieneregeln befolgt, sorgt für Sicherheit und Wohlbefinden.

Wer glaubt, sich der vielen komplizierten Gesetzesauflagen wegen überhaupt nicht um die Hygiene kümmern zu müssen, irrt gewaltig. Ohne Hygiene gibt es keinen Genuss und schnell einmal viel Ärger. Sei es durch unnötige Warenverluste oder Krankheitsmeldungen Ihrer Gäste! Ich möchte das Thema nicht dramatisieren und beschränke mich hier darauf, aus dem bald nicht mehr zu überblickenden Paragrafendschungel einige Punkte herauszuheben. Sie sind wichtig und müssen unbedingt beachtet werden, damit wir unser Fleisch und damit die wertvollen Vitamine nicht totkochen.

- ***Hände waschen***

Zweifellos der wichtigste Punkt. Auf einer normalen Hand schlummern um die 10 Millionen Keime. Bei jeder neuen Handlung kommen weitere dazu. Deshalb ist es unabdingbar, dass nicht nur vor und nach der Arbeit die Hände gewaschen und mit Papierhandtüchern getrocknet werden, sondern bei jeder neuen Arbeit. Wenn Sie Ihre Hände desinfizieren, tun Sie etwas Weiteres für die Hygiene und Ihre Hände, weil diese weniger anfällig für Verletzungen sind.

- ***Handschuhe***

Heute werden oft Handschuhe getragen. Wer solche trägt, muss beachten, dass die Kontamination, die früher durch die Hände erfolgte, jetzt einfach durch die Handschuhe passiert. Ich erachte Handschuhe als neue Seuche – sie werden zu oft, zu lange und ohne die Konsequenzen zu kennen, getragen. Achten Sie bei Ihrem nächsten Einkauf darauf, was der Verkäufer oder die Verkäuferin alles mit den Handschuhen macht. En Guete!

- ***Reinigung***

Der Einsatz von Putzschwämmen ist für mich das Zeichen von Inkompetenz in Sachen Hygiene. Verzichten Sie darauf, Schwämme sind der idealste Brutboden für Bakterien. Putzlappen sind ebenfalls ein idealer Brutherd für Bakterien und sollten öfters gewechselt werden. In einer Profiküche sollten die Lappen halbtäglich gewechselt werden. Verwenden Sie für den gröbsten Schmutz oder für das Entfernen von Pouletflüssigkeit Küchenpapier.

Viele Leute vergessen bei der Reinigung, dass der sauber gewaschene Tisch, wenn er nach dem Spülen mit den Putzlappen nachgerieben wird, dadurch wieder kontaminiert wird, was alles andere als erwünscht ist.

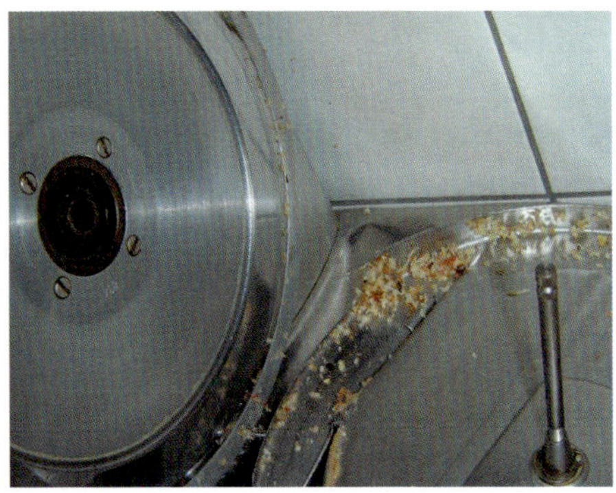

Oben eine Abwaschküche in einem ausländischen Restaurant. Und unten, auch das gibt es: Trotz umfassendem Lebensmittel-Gesetz in der Schweiz.

• Kühlkette

Wer sonntags zum Picknick geht, nimmt sein Bier in einer Kältetasche mit. Leider wird beim Einkauf von Frischprodukten besonders im Sommer nicht mit der gleichen Sorgfalt vorgegangen. Wird die Kühlkette bei Lebensmitteln unterbrochen, so tritt ein Qualitätsverlust ein und die Haltbarkeitsfrist verkürzt sich. Legen Sie beim Einkaufen alle gekühlten Produkte in der Tasche als Block zusammen und unterbrechen Sie die Kühlkette nur kurz.

- ***Temperatur im Kühlschrank***

Mit tiefen Temperaturen können Sie die Vermehrung der unerwünschten Bakterien stark bremsen. Kontrollieren Sie den Temperaturmesser in Ihrem Kühlschrank laufend und sorgen Sie dafür, dass an der kühlsten Stelle – sie befindet sich unten auf der Glasplatte – unter 5° C sind. Dort werden besonders leichtverderbliche Lebensmittel aufbewahrt. Ich denke besonders an Hackfleisch, Geschnetzeltes, Innereien, Fisch und Produkte der kalten Küche.

- ***Unterschied warme und kalte Küche***

Unter «warme Küche» werden alle Produkte zusammengefasst, die vor dem Verzehr nochmals erhitzt werden. Im Normalfall sind sie problemlos. Anders sieht es in der «kalten Küche» aus. Weil diese Produkte kalt verzehrt werden, spielt die Hygiene eine sehr grosse Rolle. Die meisten Hygieneprobleme betreffen die «kalte Küche». Hier macht sich totale Sauberkeit schnell bezahlt und ist wichtig.

Bearbeiten Sie Frischprodukte zum Rohessen nicht auf dem gleichen Schneidebrett wie Rohmaterialien zum Kochen.

- ***Kontamination***

Das Hauptproblem bei der Hygiene sind nicht die Produkte, sondern die Menschen, resp. deren Umgang mit den Produkten. Viele der Sünden sind unter Sorglosigkeit aufzuführen. Wer frische Ware mit kontaminierten Händen berührt, hat schnell keine frische Ware mehr, sondern ein Problem. Bei frischen Geflügelprodukten spielt der Umgang mit der auslaufenden Flüssigkeit eine grosse Rolle. Entfernen Sie diese mit Küchenpapier und garen Sie das ganze Poulet durch. So sind Sie auf der guten Seite und erleben keine Überraschungen.

Wer mit Lebensmitteln für andere Menschen arbeitet, trägt eine grosse Verantwortung.

Das Hauptproblem sind nicht die Bakterien – die sind überall und die meisten sind problemlos – sondern unser Umgang mit ihnen.

Schweinshals-Braten mit Pflaumen

- Kaufen Sie den Schweinshalsbraten nicht zu klein, er schmeckt kalt ausgezeichnet.
- Anstelle der getrockneten Pflaumen können Sie auch Zwetschgen oder Aprikosen nehmen.

Zubereitung

800 g Schweinshals	etwa 2 Stunden vor der Zubereitung aus dem Kühlschrank nehmen, abspülen und mit Küchenpapier trocknen, auf Knorpelrückstände überprüfen
schwarzer Pfeffer, Paprika, Streuwürze	würzen
80 g getrocknete Pflaumen	in längliche Stücke schneiden und ins Fleisch stossen
150 g Bratspeck	auslegen

- Schweinshals darin einrollen und schwach binden.
- Schweinshals ohne anzubraten bei 120° C auf den Rost im Backofen geben.
- Stellen Sie eine Bratschale darunter, damit der Saft aufgefangen wird.
- Stecken Sie Ihren Kerntemperaturmesser in die Mitte des Fleischstückes.
- Sollte der Braten bei 58° C Kerntemperatur noch zu wenig Farbe/Kruste haben, erhöhen Sie die Temperatur auf 200° C.
- Wenn der Braten eine Kerntemperatur von 62° C erreicht hat (rechnen Sie mit gut 2 Stunden Garzeit), öffnen Sie die Backofentüre und stellen die Temperatur auf 60° C.
- Sie können ihn so problemlos 1 Stunde ruhen lassen.

Sauce

½ dl Cognac	in Pfanne geben
1 Msp Trockenbouillon	dazugeben
	auf die Hälfte einkochen lassen, beim Nachziehen ausgelaufenen Fleischsaft dazugeben
frischer Thymian	verfeinern
schwarzer Pfeffer und Streuwürze	abschmecken
½ Becher (90 g) Saucen-Halbrahm	dazugeben
Kaffeerahm/Milch	gewünschte Konsistenz erstellen

Das will ich ausprobieren

Datum

Teil 8

Wir haben Gäste

Kurzübersicht **Eine gute Planung ermöglicht es dem Gastgeber, selber zu geniessen.**

Wenn wir Gäste haben und ein schönes Essen ansteht, besteht dieses meistens aus mehreren Gängen. Das tönt kompliziert, ist es aber nicht und hat viele Vorteile. Ich bin frei in der Auswahl der Speisen, weil ja verschiedene Dinge auf den Tisch kommen und etwas davon sicher jedem Gast passt. Kleinen kreativen Portionen sollte man als Gast sowieso die Ehre antun und wenigstens davon versuchen. Und nicht selten staune ich über die Vorurteile, welche wir alle haben und die unser Leben einschränken. Wundert es Sie deshalb, dass ich mir die Unart angewöhnt habe, über die servierten Speisen erst nach dem Gang zu sprechen!

Servieren Sie mehrere Gänge, so können Sie beim Tellerservice mit der Menge spielen, es gibt normalerweise keine Resten und die Portionen können klein sein. Meistens isst man bei einem guten Essen sowieso (etwas) zuviel.

Wie könnte eine Einladung aussehen? Es ist Montag und Sie wissen, dass Sie Freitag 6 Personen am Tisch haben. Sie freuen sich darauf, wissen aber, dass Sie eigentlich noch andere Dinge erledigen sollten und dafür nicht den ganzen Tag in der Küche stehen können oder wollen.

- ***Planung***

Planung ist jetzt wichtig. Machen Sie sofort Überlegungen, woraus Ihr Menü bestehen könnte und notieren Sie sich dies. Was haben Sie das letzte Mal serviert? Wonach haben Sie selber gerade Lust? Welche Halbfabrikate befinden sich im Tiefkühler? Welche Vorräte sollten aufgebraucht werden und wie viel Zeit steht Ihnen zur Verfügung?

Diese Überlegungen helfen Ihnen, Ihre Ziele einfach zu verwirklichen, geben Ihnen Sicherheit und sind gleichzeitig die Basis für Besorgungen und Einkäufe. Nutzen Sie Einladungen für den Abbau von Überbeständen. In einem Zwei-Personen-Haushalt würde dies ewig dauern und schnell verleiden. Wie viel effizienter geht dies, wenn Sie zu sechst oder acht zu Tische sind!

Gehen Sie im Geiste die Vorräte im Tiefkühler und im Schrank durch. Im Tiefkühler befinden sich unter anderem geschnittener Lachs, ein Schweinsbraten vom Nierstück, Waldpilze und Kuchenteig. Und in der Früchteschale liegen 5 Bananen, die bis zum Wochenende eher überreif sein werden und vom Käseteller gestern hat es gewisse Restbestände. Sie sehen, lauter Chancen, keine Probleme! Planung ist die Basis für einen sanften Abend, der Ihnen selber auch Spass macht.

- ***Das Menü***

Wie wäre es, mit einem Apéro zu starten, gefolgt von einer kleinen Vorspeise, einer speziellen Suppe, etwas Salat, einem Hauptgang mit Fleisch, Gemüse und Stärke, einem Dessert und einem Kuchen als Abschluss? Das könnte dann konkret so aussehen:

Apéro Wir verwerten den Käse und veredeln diesen mit frischen Kräutern. Dazu machen wir eine Avocado-Mousse, weil sie auch farblich dazu passt.

Vorspeise Die 250-Gramm-Packung Lachs ist eine willkommene Basis für die Vorspeise.

Salat Den einfachen Blattsalat bereichern wir mit Pinienkernen.

Suppe Die vielen Äpfel am Baum im Garten warten auf Verwertung. Wir machen eine Suppe und setzen eine Rahmhaube mit Currypulver bestreut darauf.

Hauptgang Der Schweinsnierstückbraten im Tiefkühler ist zwar etwas klein, aber gross genug, da der Gewichtsverlust beim «Sanft garen» sehr bescheiden ist. Dazu passt eine Pilzsauce, umgeben von Broccoli-Röschen und Nudeln.

Dessert Aus den schon dunklen Bananen machen wir eine interessante Crème.

Kuchen Der Birnenkuchen nach Art des Hauses scheint schon etwas übertrieben, wird aber mit Wonne trotzdem gegessen.

Tönt nicht so schlecht, oder? Und es ist viel einfacher als Sie denken. Natürlich stellen Sie Ihr eigenes Lieblingsmenü zusammen und berücksichtigen Ihre Vorräte, die Sie gerne verwerten möchten. Es gibt viele Variationen, die meisten sind prima.

• *Detailplanung*

Überlegen Sie zu jedem Gericht, was wann zu tun ist und machen Sie die entsprechenden Notizen. Viel ist es eigentlich nicht:

- Den Schweinsbraten nehmen wir noch heute Montag aus dem Tiefkühler und lassen ihn, damit er schneller auftaut, für etwa 3 Stunden in der Küche stehen und legen ihn anschliessend in den Kühlschrank.
- Nach etwa 2 Tagen nehmen wir ihn aus der Packung, spülen ihn ab und bestreichen ihn mit unserer Gewürzpaste.
- Donnerstag nehmen wir die restlichen Produkte aus dem Tiefkühler und tauen diese im Kühlschrank auf. Ebenfalls Donnerstag tätigen wir den Einkauf der übrigen Zutaten. So genügen Freitag knapp zwei Stunden fürs Kochen.

Wichtig ist es, genügend Zeit für andere Kleinigkeiten wie Tisch decken und ein schönes Ambiente einzuplanen.

Es tönt nicht nur einfach, so ist es auch. Bleiben Sie sich selber treu, bleiben Sie sanft und locker.

Avocado-Mousse

- Erdnüsse und Salzgebäck zum Aperitif sind eine echte Kalorienbombe.
- Kleine, natürliche Snacks wie dieses Avocado-Mousse sind schnell hergestellt.

Zubereitung

1 reife Avocado	halbieren, Stein entfernen und mit Gabel fein zerdrücken
Saft einer ½ Zitrone	dazugeben
3 Tropfen Tabasco	dazugeben
Zitronenpfeffer und Streuwürze	abschmecken
	kühl stellen
3 Scheiben getoastetes Brot	auskühlen lassen, erst kurz vor dem Essen nicht zu dünn mit Avocado-Mousse bestreichen

Birnenwähe spezial

- Eine Wähe ist ein Früchtekuchen.
- Sie schmeckt frisch am besten. Klein, einfach aber fein heisst hier die Devise.
- Damit es mit der Zutat «eine Birne» klappt, müssen je Hälfte mindestens 18 Scheiben geschnitten werden.

Zubereitung

1 Ei	aufschlagen
1 EL Maizena	dazugeben
1 Päckchen Vanillezucker	dazugeben
2 EL Zucker	dazugeben
½ Liter Milch oder Kaffeerahm/Rahm	dazugeben und alles gut mischen
runder, ausgewallter Blätterteig	auf ein mit Backpapier ausgelegtes Blech legen, mit Gabel Löcher in den Teig machen
2 EL gemahlene Haselnüsse oder Mandeln	darüber streuen
1 grosse Birne	halbieren, Kerngehäuse entfernen und je in mindestens 18 dünne Scheiben schneiden, Scheiben schuppenartig auf den Teig geben, der ganze Teig muss belegt sein, Backofen auf 220°C vorheizen, Guss über Birnen geben und Wähe auf unterster Rille während etwa 25 Minuten backen, zum Abkühlen aus dem Blech nehmen und auf Rost legen, lauwarm servieren

Bananencrème

Ein süsser Abschluss eines feinen Essens muss nicht aufwändig sein.

Zubereitung

3 gut reife Bananen	schälen
1 Zitrone	Saft dazugeben
¼ Zitrone	Schale abreiben und dazugeben
	alles im Mixer pürieren
1,8 dl Rahm	steif schlagen und sorgfältig darunterziehen,
	kühl servieren

Der Autor

Jeanette Plattner, Radio DRS «Denk an mich» hat den Autor für ihr Buch «Suppentalk» 2005 interviewt und folgendes geschrieben:

Werner Wirth – Der Mann, der zartes Fleisch mit Zärtlichkeit behandelt

Er ist fadengerade und schockiert! Er ist hilfsbereit und dezidiert, gibt Sicherheit und verunsichert. Er wohnt in Urtenen und in Südfrankreich. Arbeit in der Schweiz, dolce far wenig an der Côte!

Der junge Werner Wirth wollte weg von zu Hause. Er machte eine Metzgerlehre, bekam Kost und Logis und dazu ein Sackgeld. Das genügte für den Anfang. Er lernte Sprachen, absolvierte eine kaufmännische Ausbildung, wurde Metzgermeister. Mit 26 Jahren landete er bei Migros als Assistent des Direktors, mit 32 Jahren wurde ihm die Verantwortung für das ganze Fleischgeschäft der Migros im Kanton Bern übertragen. Und schliesslich 1991 der Schock! 14 Jahre am gleichen Job und 16 Jahre vor der Pensionierung. Eine seiner Töchter kam von der Schule und schimpfte über einen Lehrer, der 30 Jahre den gleichen Beruf ausübt: «30 Jahre immer an der gleichen Stelle, also treten an Ort. Der ist gaga!» Nicht gaga war der Vater. Der war viel mehr aufgeschreckt, wachgerüttelt, verunsichert! «Ich kündige meine Stelle und mache mich selbstständig». Gesagt – getan!

Werner Wirth nutzte seine Erfahrungen, er war in der Zwischenzeit so etwas wie ein Spezialist für den richtigen Umgang mit Fleisch. Er begann, Leute aus dem Fach- und aus dem Gastrobereich, aber auch Hobbyköchinnen und Köche zu schulen, gibt Kurse und Seminare, schreibt Bücher, Anleitungen, Rezepte und Konzepte. Und schon bald landete er den grossen Coup, der schweizweit Verunsicherung auslöste! «Mich interessieren einfache Abläufe, ich muss die Zusammenhänge sehen, und verstehen. Wer dem Fleisch in der Küche Gutes antut, erhält etwas Feines zurück. Die Lösung ist sehr einfach: je nach Grösse eines Stückes schiebt man es über kürzere oder längere Zeit bei niedriger Temperatur in den Backofen, aber erst vor dem Servieren kommt es dann noch rasch in die Bratpfanne oder auf den Grill. Die Krustenbildung ist perfekt, der Genuss genau so. Wer es einmal ausprobiert hat, wird nie mehr Fleisch auf altherkömmliche Weise braten!»

Werner Wirth ist ein Mensch der Lösungen sucht und findet. Wie fast alle Menschen weiss auch er, dass es schwierig ist, gewohnte Bahnen zu verlassen. «Erfolg zu haben heisst für mich auch, bereit zu sein, mir selber weh zu tun.» Alle Herausforderungen und Aufgaben, die immer wieder auf ihn zukommen sieht er als Botschaften, die man hören oder im negativen Fall auch überhören kann. «Mit Druck erreichen wir nichts. Druck erzeugt Gegendruck. Oder anders ausgedrückt: für alles, was ich im Leben mache, bekomme ich die Quittung.»

Wo liegt das Geheimnis, dass ihm so vieles gelingt? Er versucht immer das Ende eines Problems zu sehen, das hilft ihm bei der Lösung. Er denkt immer daran, dass es der Mensch ist, der etwas vollbringt, und nicht das Gesetz, das Reglement, die Auflage. Deshalb kreierte er ein Erfolgsseminar, welches Menschen mehr Verständnis für die heutige Zeit und deren Veränderungen bietet. Quer durch die Wirtschaft kommen seine Teilnehmer. Vom KMU bis zur Bundesverwaltung. Die Nachfrage ist so erfreulich, dass «Fleisch» heute eher sein Hobby ist. Er mutet anderen Menschen nichts zu, was er selber nicht auch möchte. Er erinnert immer daran. Es sind die kleinen Dinge im Leben, die wichtig sind. Ein paar Grussworte, eine Aufmunterung per SMS, ein Anruf, E-Mail, ein paar Minuten Zeit.

Seine Einladungen plant er auch etwas anders, als wohl die meisten von uns. Wenn er ein schönes Stück Fleisch oder einen schönen Fisch sieht, kauft er ein, füllt den Tiefkühler und guckt da hin und wieder hinein. Er entdeckt dann zum Beispiel einen schönen gut marmorierten Hohrücken und fragt sich: Wer hätte da wohl Lust darauf? Erst dann stellt er eine Gästerunde zusammen. Dieses Leben zwischen ausdauernder und intensiver Arbeit und Entspannung gibt ihm diese innere Zufriedenheit. «Ich brauche vieles nicht, aber alles, was man gerne hat und schätzt, ist sein Geld wert. Das Teure im Leben ist im Prinzip das, was man wegschmeisst. Die Werbung zum Beispiel, die gaukelt uns so viel Unnützes vor und noch schlimmer: Will uns verführen und glaubhaft machen, dass wir mit diesem oder jenem

Produkt auch gleich unsere Lebensqualität, unseren Wert oder unser Lebensgefühl beeinflussen können. Der Mensch braucht eine Aufgabe, die ihn zufrieden macht, die ihm Freude bereitet, dann braucht es den vielen anderen Quatsch nicht mehr.»

Und seine Sorgen: «Unser Leben ist zu kompliziert geworden. Die Reglementsdichte, die Fusioniererei, das immer grösser werden geht in die falsche Richtung. In zu grossen Firmen kann man nicht mehr motivieren und ohne Motivation gibt es keine Spitzenleistungen.»

Und nachdenklich macht es ihn auch, dass derjenige, der eine persönliche Leistung erbringt und dadurch etwas für unsere Gesellschaft tut, gleich dasteht, wie derjenige, der alle Aufgaben dem Staat, der Fürsorge, den Ämtern überlässt. Denn: wer ist der «Staat»?

Dank

Ich habe tief zu danken.

Die vielen hundert Zuhörer an meinen Lesungen haben mir mit ihren zahlreichen und interessanten Fragen die Grundlage für neue Versuche und für dieses Buches gegeben.

Meine grosse und gottseilobunddank auch kritische Fangemeinde hat mir das Verfassen dieses Buches einerseits nicht leicht gemacht und anderseits hat sie mich grossartig unterstützt. Die vielen Fragen und Rückmeldungen haben mich gefordert und motiviert und meine Kreativität bereichert. Träume und Ideen in die Tat umzusetzen ist mit tollen Erlebnissen verbunden, welche ich jedem Menschen gönne. Der Weg war lang. Wie oft haben wir in heiterer Runde gestaunt und gelacht, wenn eine «Degustation» ganz anders herausgekommen ist als erwartet. Misserfolge hat es dabei keine gegeben – höchstens neue und unerwartete Lösungen.

Kaja und Hans-Uli, Annelies, Christa, Roland und Robert haben sich als Gourmets und Fleischliebhaber mit Enthusiasmus um das Buch gekümmert.

Dr. Karl-Otto Honikel, er ist Leiter und Professor an der Bundesforschungsanstalt für Ernährung in Kulmbach/Deutschland, hat mir fachtechnisch hilfreich und kritisch über die Schulter geschaut.

Grosser Dank gebührt dem Bookmaker Kurt Thönnes von «*die* Werkstatt» für seine Hartnäckigkeit und Professionalität im Zusammenhang mit der Gestaltung und Produktion des Buches, Henry Oehrli für seine Zeichnungen, Hans Hansen für die freundliche Überlassung des Titelbildes. Danken möchte ich aber auch meinen lieben Nachbarn, Freunden und Bekannten, welche kräftig und mutig degustiert und gelesen haben.

Besonderer Dank gebührt meiner Frau, welche die Hektik des Buchprojektes gutmütig ertragen hat und unseren beiden Töchtern Anja und Eva.

WIEGEN UND MESSEN - DANN GELINGT DAS ESSEN

Es heißt zwar im Sprichwort »Augenmaß und Handgewicht verlassen den guten Koch nicht«. Aber diese Wahrheit gilt eben nur für erfahrene Köchinnen und Köche. Besser ist es natürlich, sich auf eine unbestechliche Küchenwaage zu verlassen, auf Meßbecher oder andere Hilfsmittel wie Löffel, Tassen und geeichte Gläser.

Die folgende Aufstellung zeigt Ihnen, wie Sie schnell mit Geräten aus Ihrem Haushalt auch mal ohne Küchenwaage genau wiegen bzw. messen können:

1 gestr. Teelöffel	= 3–5 g
1 geh. Teelöffel	= 5–8 g
1 gestr. Eßlöffel	= 10–15 g
1 geh. Eßlöffel	= 20–25 g
1 Schnapsglas	= 2 cl = 20 g
1 Weinglas	= 2 dl = 200 g
1 Kaffeetasse	= ca. 1/8 l = ca. 125 g
1 Suppentasse	= ca. 1/4 l = ca. 250 g

Maße und Gewichte. In den Rezepten dieses Buches werden folgende Abkürzungen für verschiedene Maße und Gewichte verwendet:

Abkürzung	Gewicht	
cl	Zentiliter	= 10 g
dl	Deziliter	= 100 g
l	Liter	= 1000 g
TL	Teelöffel	= ca. 5 g
EL	Eßlöffel	= 3 Tl = ca. 15 g
g	Gramm	
Msp.	Messerspitze	= ca. 2 g

DAS KLEINE KÜCHEN-ABC

Abschrecken: Heißes Gemüse, Eier usw. unter kaltem oder in Eiswasser schockartig kühlen.

Backen: Garen in heißer Luft bzw. heißem Fett (fritieren).

Binden: Andicken oder Legieren von Saucen, Suppen usw. In der alten »gut«-bürgerlichen Küche vorzugsweise mit Mehlschwitze oder Einbrenne, deren Röststoffe sogar giftig sind. In der Neuen Küche tritt die Sahne-, Sahne-Ei-, Quark- oder Püreebindung bzw. die Reduktion an ihre Stelle.

Blanchieren: Mit sprudelnd kochendem (Salz-)Wasser kurz abbrühen oder garen.

Dämpfen: Garen im Wasserdampf ohne Druck, auf einem Siebeinsatz in geschlossenem Topf. Die Nährstoffe, Vitamine und Mineralstoffe bleiben beim Dämpfen besser erhalten als beim Kochen.

Dressieren: Geflügel so vorbereiten, daß die Flügel und Keulen am Körper anliegen und nicht so leicht austrocknen können.

Dünsten: Garen von Nahrungsmitteln mit wenig Fett im eigenen Saft.

Emulsion: Glatte, ineinander übergehende Verbindung zweier Produkte mit Hilfe eines Lösungs- oder Bindestoffes. Beispiel: Öl und Essig durch Salz.

Entfetten: Fettreiche Brühen oder Fonds erkalten lassen und das oben schwimmende, erstarrte Fett abschöpfen.

Farce: Füllmasse für Geflügel, Fleisch, Pasteten usw.

Flambieren: Mit hochprozentigem Alkohol übergießen und abbrennen.

Fond: Grundbrühe für Suppen und Saucen aus der Restflüssigkeit, die beim Kochen oder Braten zurückbleibt (z. B. Fleischfond, Fischfond).

Fritieren: In heißem Öl oder Fett schwimmend garen.

Schmoren: Schnelles Anbraten in wenig Fett im offenen Topf und Fertiggaren unter Flüssigkeitszugabe bei milderer Hitze im geschlossenen Topf. Ideal im vorgeheizten Backofen, da die Hitze von allen Seiten gleichmäßig auf das Gargut trifft.

Tournieren: Formen. Insbesondere Gemüse in kleine olivenförmige Stücke oder Kugeln schneiden bzw. ausstechen.

Tranchieren: Zerlegen von Geflügel, Fisch oder Fleisch zum Anrichten. Genaue Beschreibungen in den Einzelkapiteln.

Wasserbad: Mit heißem Wasser gefüllter Behälter (Bain-Marie) zum Bereiten empfindlicher Saucen usw.

Wichtig: Wenn nicht anders erwähnt, sind alle Rezepte dieses Buches für 2 Personen berechnet.

T steht für Tip. Und es lohnt sich in jedem Fall, auch diesem Hinweis am Rande bzw. am Ende jedes Rezepts Beachtung zu schenken.

Garproben: Fleisch: Löffelprobe. Gibt es beim Druck stark nach, ist es immer noch fast roh. Gibt es leicht nach, ist es innen rosa gebraten. Gibt es kaum nach, ist es durchgebraten. Empfehlenswert ist für genaueres Arbeiten ein Fleischthermometer.
Backen: Nadelprobe. Bleibt die Nadel beim Herausziehen trocken, ist der Kuchen gar.

Gratinieren: Bei starker (Ober-)Hitze überbacken.

Grillen: Schnelles Garen unter Strahlungshitze auf dem Rost bzw. am Spieß.

Julienne: In feine, etwa streichholzartige Streifen geschnittene Gemüse.

Karkasse: Gerippe. Mit den anhaftenden Fleischresten als Saucengrundlage zu verwenden.

Kochen: Mit Flüssigkeit bedeckt garen.

Köcheln: In leicht brodelnder Flüssigkeit gar ziehen lassen.

Kräutersträußchen: Zum Würzen von Brühen, Fleisch- und Gemüsegerichten: 1 Lorbeerblatt, 1 Knoblauchzehe, 1 Zweig Thymian, 3–4 Petersilienstiele. Auch Bouquet garni genannt.

Legieren: Binden von Suppen und Saucen mit Eigelb oder Sahne.

Marinieren: Einlegen in eine würzende Flüssigkeit. Beizen.

Menü: Speisenzusammenstellung in einer harmonischen Reihenfolge.
Der heute übliche Aufbau:
Kalte Vorspeise · Suppe · Warme Vorspeise · Hauptgang (Fleisch, Geflügel, Wild usw.) · Käse · Dessert.

Passieren: Durch ein feines Sieb (Haarsieb) streichen, damit grobere Teile zurückbleiben.

Pochieren: Bei Siedehitze, ohne zu kochen, garen.

Pürieren: Gemüse, Obst und andere Lebensmittel im Mixer ggf. unter Flüssigkeitszugabe zu einem glatten Brei verarbeiten.

Reduzieren: Flüssigkeiten (Wein, Sahne usw.) stark einkochen, um den Geschmack zu verstärken oder Dickflüssigkeit zu erzielen.

Wörterbuch

Schweizerdeutsch	*Übersetzung in Hochdeutsch*
Apéro	Aperitif
auswallen	ausrollen
Brät	rohe Wurstmasse
Bratbutter	Butterschmalz/eingesottene Butter
Bräter	Bratkasserolle
Buurehamme	Kochschinken vom Bauernrauch
chambrieren	vorwärmen, temperieren
cl	Centiliter = 0,1 dl (1 dl = 100 ccm)
Federstück	Spannrippe/Querrippe
Fettmocken	grosses Fettstück
Geschnetzeltes	fein geschnittenes Fleisch
Gigot	Lammkeule/Lammschlegel
gluschtig	appetitlich
Gratinform	Auflaufform
Gschwellti	Pellkartoffeln
Hohrücken	herausgelöster Kern der Fehlrippe/ hohe Rippe
Huft	Hüfte/Blume, Rumpsteak
Kabis	Kohl, Kraut
Kartoffelstock	Kartoffelpüree
köcheln	leicht kochen lassen
Kombisteamer	Kombidämpfer
Konsistenz	Dicke, Sämigkeit einer Sauce
Lauch	Porree

Meerrettichschaum	Meerrettich mit Sahne
Noilly Prat	trockener weisser Wermut
Pelati	geschälte Tomaten (in Dosen)
Peperoncini	kleine scharfe Pfefferschoten
Peperoni	Paprika
Plätzli	Schnitzel
Polenta	Maisbrei
Poulet	junges Hähnchen
Quenelle	Frikadellen, Klopse, Pflanzerl
Rahm	Sahne, Obers
Rüebli	Karotten
rüsten	schälen, pellen, zuschneiden
saignant	blutig
Saucenrahm	Rahm mit Bindemittel
Schweinsplätzli vom Stotzen	Schweineschnitzel von der Keule
Störmetzger	Schlachter, der (auf dem Bauernof) im Auftrag schlachtet
Stotzen	Keule, Schlegel
Streuwürze	Aromat, Fondor, Mirador
tiefkühlen	frosten, gefrieren
Traiteur	Feinkostgeschäft
Tranche	Scheibe
Trockenbouillon	gefriergetrocknete, lose Brühe
Truthahn	Pute
Voressen	Ragout
Wähe	Früchtekuchen nach Schweizer Art
währschafte Buurehamme	Schweineschinken gepökelt und geräuchert nach Bauernart (nicht gespritzt und nicht massiert)
Weisskabis	Weisskraut, Weisskohl

Register

Das Erfolgsbuch vom gleichen Autor aus dem Verlag We Wi

Seine schnörkellose Wegleitung vom Einkauf bis zur Zubereitung enthält eine Menge sehr hilfreicher Tipps. *NZZ am Sonntag*

Eine Niedrigtemperatur-Revolution in den Kochtöpfen: «Heute wird Fleisch immer noch kremiert statt gegart!« *Magazin Focus*

Wirth macht mit seiner neuen Garmethode das dümmste Fleischstück zu einer butterzarten Delikatesse. *Der Stern*

Wer mehr über Fleisch und seine Zubereitung wissen möchte, der kommt bei diesem Buch voll auf seine Rechnung. *Zeitschrift GV Suisse*

Dieses Buch

- zeigt Ihnen, wie **mehr Genuss** und gleichzeitig grosse Einsparungen erzielt werden können, wenn Fleisch in der Küche richtig behandelt wird.
- schlägt neue Wege vor, wie mit viel **weniger Aufwand bewusst und sicher** Speisen, im Besonderen Fleisch, **aufgewertet statt abgewertet werden**.
- gibt zahlreiche praktische Zusatzinformationen über Fleisch.
- enthält **25 Rezepte**: Hamburger, Kalbsbrust, das andere Schweinsfilet, Fisch-Quenelles, Szegediner Gulasch, Indischer Curry, Fischsuppe u.a.

164 Seiten, Pappband, gebunden, 5. Auflage, Fr. 37.–
ISBN 3-9522763-0-8 / 978-3-9522763-0-3

Verlag We Wi Längenrüppstrasse 70 CH-3322 Urtenen
Telefon 031 859 50 45 Fax 031 859 50 34 www.wewi2.ch verlag@wewi.ch